AF313408

~~~~~~~~

LE PÈRE JULIEN-MARIE GOULOUAND

~~~~~~~~

LE PÈRE
Julien-Marie GOULOUAND

(1819-1890)

DE LA SOCIÉTÉ DE MARIE

FONDATEUR ET PREMIER SUPÉRIEUR
DE L'INSTITUTION SAINT-JOSEPH, A MONTLUÇON

PAR UN RELIGIEUX DE LA MÊME SOCIÉTÉ.

Dieu seul et sa gloire.
(Devise du P. Goulouand).

MONTLUÇON

IMPRIMERIE A. HERBIN

1895

LE PÈRE
JULIEN-MARIE GOULOUAND, S. M.
1819 1890

VIE DU PÈRE JULIEN-MARIE GOULOUAND

S. M.

PRÉFACE

La modeste biographie qu'on offre ici aux nombreux amis et admirateurs du P. Goulouand, esquisse à grands traits la vie d'un homme qui porta très haut et très loin la bonté du cœur, l'amabilité des manières, l'amour ardent et surnaturel des âmes, le dévouement à tous les intérêts du prochain, le zèle de la gloire de Dieu.

Néanmoins, rien, ou peu s'en faut, ne le distingua extérieurement du nombre des bons prêtres et des saints religieux. La vie dont nous relatons les phases tran-

quilles et peu variées, peu voyantes surtout, n'a rien qui, de prime abord, attire vivement le regard et provoque l'exclamation de la surprise et de l'admiration. Elle s'est passée tout entière dans la pratique constante, soutenue, et par là même héroïque, du devoir ordinaire et quotidien ; mais en revêtant, si l'on peut parler ainsi, la physionomie simple, commune de ce même devoir de tous les jours et de tous les instants, obscurément accompli.

Et cependant, malgré, ou plus justement, à cause même de cette obscurité volontaire, aimée, préférée à toute la vanité d'une réputation tapageuse et stérile, l'humble prêtre de Jésus-Christ, l'humble serviteur et fils de Marie, put, durant l'espace d'une longue et fructueuse carrière d'apôtre, répandre secrètement et en abondance, dans une multitude d'âmes, les eaux vivifiantes de la grâce divine. Et ces âmes, préservées par lui et comme lui de tous les larcins de l'orgueil, des subtils et désastreux détournements de l'amour-propre et de la vaine gloire, eurent le bonheur de s'abreuver sans obstacle, par son entremise, à ces eaux régénératrices dont rien ne venait changer ou diminuer le cours.

Grand et salutaire exemple pour notre siècle altéré

de fausse gloire, avide, par dessus tout, de retentissement et d'éclat ! Remède topique à ce mal d'effroyable orgueil qui le ronge et qui le tue !... Puisse-t-il comprendre enfin, quelque jour, à l'école de Jésus, le divin Roi des humbles, à l'école de Marie, la plus humble de toutes les créatures, et à l'exemple de ceux qui, comme le P. Gou-louand, se sont efforcés de suivre d'aussi près que possible ces traces sacrées ; puisse-t-il comprendre que toutes les œuvres véritablement grandes et solides, au point de vue surnaturel, ne peuvent naître, croître et mûrir que dans l'abnégation de l'humilité, dans le silence et dans l'oubli des créatures.

LE PÈRE JULIEN-MARIE GOULOUAND

S. M.

CHAPITRE PREMIER

L'HOMME ET LE CHRÉTIEN (1819-1849)

—

Enfance et Jeunesse du P. Goulouand. — Qualités naturelles et morales. — Vertus chrétiennes.

ENFANCE ET JEUNESSE

JULIEN-MARIE GOULOUAND appartenait, par sa naissance, à l'une des plus chrétiennes familles de la Chapelle-Saint-Melaine, petite paroisse du canton de Brain-sur-Vilaine, dans le diocèse de Rennes. « Ses parents, dit une correspondance autorisée, étaient des personnes très honorables, jouissant d'une certaine aisance. On parle encore aujourd'hui des bonnes œuvres de sa mère et de sa vénérable aïeule ; Julien-Marie lui-même, par ses qualités du caractère et du cœur, était l'idole du pays. Il laisse parmi nous de

ses cousins et de ses cousines, tous gens fort esti-
mables. Un de ses cousins-germains est mort missionnaire à Haïti, et il lui reste encore, en Espagne,
une cousine, religieuse de la Congrégation des
Petites-Sœurs des Pauvres. »

Ainsi s'exprime le digne prêtre qui dirige en ce
moment la paroisse natale du P. Goulouand. A ce
témoignage du pasteur, au sujet d'une famille honorée,
à très juste titre, de l'estime et de la considération
générales, nous ajouterons quelques détails fournis
par le Père lui-même, sur son pays d'origine.

Dans une lettre qu'il écrivait à une personne de
confiance, vers les dernières années de sa vie, il lui
disait, à l'occasion d'un voyage qu'elle allait faire à
travers la Bretagne : « ...Puisque vous venez à
Paris, vous ne savez peut-être pas que vous passez
par des localités qui me sont bien chères et que je
veux vous faire connaître, afin qu'en les traversant
vous vous souveniez de moi, et que vous priiez un
peu pour celui qui les a habitées si longtemps. Je suppose que vous suiviez, pour revenir à Paris, la ligne
de Redon à Rennes. C'est à Redon que j'ai commencé
mes études, dans ce joli collége qui, du chemin de
fer, doit paraître comme suspendu en l'air et accolé
comme un nid d'hirondelle à cette tour élancée de
l'église où je suis monté tant de fois et d'où je pouvais
presque apercevoir mon pays natal, que vous longez
depuis la station d'Avessac jusqu'à celle de Beslé.
Quand vous êtes à la station de Massérac, vous vous
trouvez en face de la paroisse Saint-Melaine, située
au-delà de la plaine que vous avez devant vous et que
traverse la Vilaine. C'est là que Dieu m'a fait naître,

aux pieds de son modeste clocher, où notre jardin entourait l'église aux trois quarts. »

C'est là aussi qu'il reçut le Baptême, le 15 décembre 1819, le jour même ou le lendemain de sa naissance. La pieuse mère du nouvel enfant de Dieu voulut qu'on ajoutât au nom choisi par le parrain le doux nom de Marie, pour bien marquer à tous son désir de le vouer à la Sainte Vierge. Pour qui connaît les mœurs chrétiennes de la Bretagne, il n'est pas besoin de faire ici le tableau de ces soirées édifiantes, où le chef de la famille, entouré de tous ses enfants, récite lui-même ou fait réciter la prière et le chapelet, après une lecture de la Vie des Saints. Nous n'avons point à dire non plus, avec quels soins empressés, quelle tendresse, quelle sainte sollicitude la mère de Julien apprit à son fils, avec l'amour de Jésus et de Marie, les premiers éléments de la doctrine chrétienne. On peut aisément le conclure de ce fait qu'aujourd'hui encore, malgré tant de bouleversements religieux et politiques, et le déchaînement de l'impiété révolutionnaire à travers toute notre pauvre France, un très grand nombre de foyers de la Bretagne ont conservé ces pieux et antiques usages dont nous parlions tout à l'heure, et qu'on retrouve aussi, grâce à Dieu, dans certains cantons reculés de nos provinces méridionales.

Le grand devoir d'une forte éducation religieuse qui, dans toute famille pénétrée de l'esprit de Dieu, s'impose si puissamment à la sollicitude du père et de la mère, les pieux parents de Julien-Marie l'avaient donc admirablement compris pour leur compte, et ils l'accomplirent avec un zèle constant et une persévérance infatigable à l'égard de cet enfant bien-aimé.

Celui-ci grandit sous les douces influences de leur foi et de leur vigilance de tous les instants, et se trouva ainsi préparé parfaitement et de longue main à l'acte si important de la Première Communion, d'ordinaire si décisif pour l'orientation de tout le reste de la vie.

Avec quelle ferveur le jeune Goulouand dut recevoir son Dieu, pour la première fois, en cette solennelle circonstance, on peut facilement le conjecturer et de ce que nous venons de dire sur la préparation exemplaire qui avait précédé ce grand jour, et des rapides accroissements que prit dès lors la piété de l'enfant. Vers cette époque, il fut envoyé à Redon pour y terminer ses études primaires, et sans doute aussi, apprendre les premiers éléments de la langue latine. Toutefois, il n'y resta que peu de temps, et, en 1832, il fut placé comme pensionnaire à Carentoir, humble chef-lieu de canton du Morbihan doté d'une petite Institution que dirigeait alors un très estimable ecclésiastique. « D'excellents élèves sortirent de cet établissement », nous écrit un correspondant « et Julien était du nombre de ceux qu'on aimait à signaler aux autres, sous le double rapport du talent et de la vertu ».

Le nouveau pensionnaire, au moment où il mettait le pied dans cette seconde école, avait atteint sa treizième année, âge où se dessinent souvent les vocations. Un de ses condisciples et compatriotes qui le fréquentait pendant les vacances nous apprend que Julien faisait, dès lors, remarquer en toutes ses démarches, une conduite parfaitement chrétienne et régulière et que la piété dont il était animé tranchait sur celle des autres enfants de son âge. Voici ce qu'on lit encore dans cette lettre : « ...Dès les premières vacances qu'il vint passer à Saint-Melaine, en 1833, il commença à exercer son zèle de jeune apôtre. En effet, ayant, un jour, rencontré ma mère, et apprenant qu'elle avait un fils de son âge qui fréquentait l'école des Frères, il l'engagea vivement à l'envoyer avec lui au collège de Carentoir, dont il vantait les avantages, surtout pour les familles peu fortunées. Mes parents se laissèrent persuader et j'arrivai en cet établissement comme il en sortait pour entrer au Petit Séminaire de St-Méen, en 1835. J'entendis tous ses maîtres et tous ses condisciples faire l'éloge de mon ami, et M. le Directeur me le proposait souvent comme un modèle à imiter parce qu'il faisait, disait-il, l'honneur de sa maison. »

Au Petit Séminaire, durant tout son séjour qui fut de quatre ans, Julien Goulouand ne déchut en rien de son beau rôle d'élève-modèle, comme en font également foi les meilleurs témoignages, dont nous nous bornerons à citer quelques extraits : « ...il se fit toujours remarquer, dit un de ses condisciples, par sa bonne tenue, son application au travail, sa piété profonde et l'aménité de son caractère. C'était un très bon élève, souvent le premier en composition, ou au moins toujours dans les dix premiers de notre classe qui comptait, en quatrième, environ cinquante à soixante élèves. Nous étions encore quarante-quatre en rhétorique, et notre classe avait la réputation d'être forte. Il remporta, à la fin de l'année, plusieurs des plus beaux prix. »

« J'arrivai à St-Méen, » écrit un autre, « au moment

où Julien finissait sa rhétorique: il tenait toujours la tête de son cours. Ses talents naturels se développaient sans cesse, sous l'action d'un travail constant et courageux. Sa foi vive et sa piété le désignèrent à l'attention de ses supérieurs pour l'admettre aux associations établies dans la maison, en l'honneur de la Sainte Vierge, et lui confier souvent des charges qui avaient trait à l'ornementation de la chapelle, chose dont il s'acquitta toujours avec zèle et avec goût. »

« Cependant », poursuit le même correspondant, « jusqu'ici la conduite de Julien, bien qu'irréprochable en tout, n'avait rien qui le distinguât absolument du grand nombre des très bons élèves qui avaient avec lui le plus de ressemblance, et Dieu sait combien il en a passé de cette trempe, dans cette maison bénie ! Mais c'est à son entrée au Grand Séminaire de Rennes que se fit, ou plutôt, que s'acheva, avec l'âge, une complète transformation constatée par tous. Sa gaieté, jusque là un peu expansive, devint plus calme, plus modérée, plus contenue, sa piété plus tendre et plus pondérée, sa régularité plus *héroïque*. Il devint vraiment le modèle de tout le Séminaire, celui qu'on aimait le plus à voir, à fréquenter, à consulter ».

Les termes élogieux de ce témoignage rendu à la chère mémoire que nous essayons de faire revivre, les derniers surtout où se trouve, entre autres, le mot : *héroïque*, nous aideront à apprécier toute la portée d'un incident qui a précisément sa place ici-même, puisqu'il marque l'entrée du jeune lévite au séminaire, le premier pas dans sa nouvelle carrière de fervente préparation au sacerdoce. Cet acte généralement ignoré, longtemps tenu secret par la modestie de son auteur, et dont l'aveu lui échappa un jour, par mégarde, dans une conversation intime avec un de ses meilleurs amis, le voici tel que nous le tenons nous-même de la bouche de ce confident privilégié. Au lecteur de voir si le qualificatif employé plus haut est de trop pour le caractériser comme il le mérite.

Le nouvel élève du sanctuaire avait eu de bonne heure, pour la musique, un goût prononcé, accompagné, il faut le croire, d'une réelle aptitude ou naturelle ou acquise, puisque, au moment de son entrée au Grand Séminaire, il se trouvait être, dit-on, un habile flûtiste. Or, que fit-il, en franchissant le seuil de cette studieuse et sainte maison, en revêtant l'austère habit, symbole de la pénitence et de la mort au monde ?... Pour faire de cette pénitence, de ce renoncement, de cette mort à la vanité du siècle, une réalité aussi complète, aussi absolue que possible, pour se donner dès lors au service de Dieu tout entier, sans réserve, sans partage, sans retour, sans aucun regard en arrière, il examina sans doute quel sacrifice serait pour lui plus pénible, partant plus méritoire, quel gage meilleur et moins suspect il pourrait se donner à lui-même de la sincérité et de l'énergie de sa détermination à aimer uniquement le Seigneur, en se préparant au service de ses autels. Et le résultat de ces sérieuses et profondes réflexions fut qu'il voulut s'interdire pour toujours, même comme distraction passagère, les jouissances en soi les plus innocentes et les plus légitimes et en conséquence, il.... brisa son instrument...!

Pour quiconque connaît, surtout par une expérience personnelle la puissance presque irrésistible de fasci-

nation que les arts libéraux, particuliérement la musique, exercent sur les esprits capables de les comprendre,
de les goûter, de s'y rendre habiles, nous pensons
que tout commentaire d'un acte semblable est absolument superflu et ne pourrait qu'affaiblir l'effet
saisissant d'incontestable grandeur morale qui le
caractérise.

Toutefois, ce n'est pas sans un particulier dessein que
nous nous sommes étendu complaisamment sur l'exposé
même du fait. C'est pour que le lecteur le remarque
bien au passage et en prenne bonne note afin de se
trouver d'avance tout préparé aux appréciations les
plus élogieuses que nous aurons à formuler plus loin,
sur la haute vertu de notre héros. Dans sa vie, les
faits saillants de cette nature, s'ils ont été nombreux
à se produire, sont très rares à signaler, car une
modestie précautionneuse les a toujours jalousement
dérobés a la connaissance de ceux qui l'entouraient.
Mais celui que nous venons de rappeler est par lui-
même tellement frappant et pour ainsi dire, typique ;
à lui seul il ouvre un jour si précieux sur la générosité,
la force de caractère, l'énergie de volonté, le détachement et l'abnégation de ce fervent jeune homme de
vingt ans, que son souvenir suffira, plus tard, nous
n'en doutons pas, pour soustraire à tout reproche
d'exagération, les témoignages les plus enthousiastes
rendus par de nombreux admirateurs à la mémoire
du saint prêtre et du saint religieux.

Revenons maintenant au Grand Séminaire de Rennes. Durant ces six années de préparation de plus en
plus immédiate au service des autels, de 1839 à 1845,
l'abbé Goulouand occupa constamment un des premiers

rangs pour l'étude et l'intelligence de la science sacrée.
Il fut de ceux qu'on choisit pour diriger, sous l'inspiration des Supérieurs, le mouvement général des études et des exercices de piété prévus par le règlement. Son caractère aimable lui gagnait tous les cœurs.

« L'Instruction qu'il nous donna, selon l'usage, avant son départ du Grand-Séminaire », écrit un de ses anciens condisciples, « fit sur nous la plus vive impression. Je m'en souviens encore, bien que la chose soit passée depuis bientôt un demi-siècle. Il y a des sermons qui laissent dans les âmes des souvenirs ineffaçables ; ce fut le cas. Aussi avait-il choisi un sujet qui lui convenait à merveille, et bien en harmonie avec ses habitudes de piété : la dévotion à la Sainte Vierge. Il épancha avec onction, devant tout le Séminaire réuni, toute la tendresse de son cœur pour Celle qu'il appelait " *sa Bonne Mère* ". Nous étions tous profondément émus de ses accents si tendres, si vrais, si affectueux. Quand l'exercice fut terminé, nous nous réunîmes autour de lui, et nous ne pûmes nous empêcher de lui témoigner notre complète satisfaction. — « Eh bien ! s'écria-t-il, c'est à St-Liguori que je renvoie tous vos hommages, car c'est lui qui m'a fourni tous les meilleurs éléments de mon Instruction. »

L'abbé Goulouand fut ordonné prêtre aux Quatre-Temps de la Trinité, en 1845, puis envoyé comme vicaire à Saint-Hellier, paroisse des environs de Rennes. « J'eus la grande satisfaction », dit l'un des correspondants cités plus haut, « d'assister le nouveau prêtre, à sa première messe, à titre de compatriote et d'ami. Je fus singulièrement édifié de l'esprit de foi.

des accents embrasés dont il accompagna la célébration du Saint Sacrifice. Je pouvais, en toute vérité, répéter cette parole dite au sujet d'un saint : « Mon Dieu ! que ce jeune prêtre dit bien la Messe ! » Les années ont emporté bien des souvenirs ; elles m'ont laissé ceux-là. »

***

PREMIER MINISTÈRE

A St-Hellier, M. l'abbé Goulouand fut ce qu'on l'avait connu au Grand Séminaire, c'est à dire : pieux, régulier, exact à bien remplir tous ses devoirs de respectueuse déférence envers le vénérable pasteur de la paroisse et de dévouement sacerdotal pour la population. Il était seul vicaire dans cette paroisse qui avait alors, il est vrai, beaucoup moins d'importance qu'aujourd'hui. « Il se livrait parfois », dit une relation, « à des austérités, à des privations, à des jeûnes, des veilles et des fatigues qui avaient pour lui, sans doute, leur raison d'être, mais que l'on taxait un peu d'exagération. Il voulait en faire les préludes et comme les essais du futur apostolat qu'il se proposait déjà d'aller exercer dans les missions étrangères. »

Plein de ferveur et de dévouement, le jeune vicaire accomplissait les devoirs de son ministère envers tous, avec un zèle à toute épreuve, incapable de se démentir même devant la perspective des dangers personnels les plus graves à courir, pour faire acte de charité.

Un jour, deux ouvriers sont ensevelis par un éboulement, dans un puits qu'ils viennent de creuser. L'abbé Goulouand passait, dans ce moment, près du lieu de l'accident. Il entend des cris de détresse, et voit la foule se précipiter ; il accourt avec elle et, le cœur tout ému, sans se donner le temps de bien reconnaître la situation, il se dispose aussitôt à descendre lui-même au fond du trou béant, pour découvrir les victimes et leur donner les secours matériels ou religieux que leur état peut réclamer. Mais deux hommes s'interposent qui ont cependant toutes les peines du monde à le retenir, en lui remontrant le péril auquel il va s'exposer inutilement, sans aucun profit pour les pauvres ouvriers couchés sous les décombres.

Ces deux hommes descendent eux-mêmes, déblaient au plus vite le monceau de terre et sont assez heureux pour en retirer les malheureux ouvriers, avant qu'ils aient rendu le dernier soupir ; le charitable vicaire a du moins la consolation de satisfaire sa foi et son ardent amour pour le prochain, en leur administrant les derniers Sacrements.

La charité et la bonté, ces vertus qui seront, de plus en plus, dans la suite, la note, pour ainsi dire caractéristique et dominante du P. Goulouand, le vicaire de St-Hellier les exerçait aussi, et dans une très large mesure, en faveur des pauvres de la paroisse ; tout y passait : son maigre traitement et les revenus de son patrimoine. Mais si sa bourse restait perpétuellement et si généreusement ouverte à tous les besoins du corps, que dirons-nous de sa sollicitude pour les âmes ? Là sa charité était absolument sans bornes : il donnait tout son temps, toutes ses forces, toute son âme : il se dépensait tout entier, sans réserve et sans mesure.

Son détachement des créatures, en présence des exigences du ministère sacré, était si complet qu'il n'hésita pas, le cas échéant, à sacrifier aux besoins spirituels des paroissiens de St-Hellier, même les plus légitimes et plus saintes affections de son cœur. Il en donna, vers le temps de Pâques de l'année 1848, une preuve éclatante qu'il faut ranger, avec l'acte héroïque cité plus haut, parmi les manifestations les plus incontestables de la grandeur et de la générosité de son âme. Son excellente mère étant venue à mourir à cette époque, il se refusa la douce et si naturelle consolation d'assister à ses obsèques, et cela, afin de ne point priver de sa présence et des secours de la religion les nombreux fidèles qui se confessaient à lui pour se disposer à remplir leur devoir pascal. Combien n'en dût-il pas coûter à cette âme si aimante et si tendre de renoncer, quoique pour un bien d'un ordre plus élevé, à l'accomplissement de ce pieux devoir d'amour filial, dont, en apparence et aux yeux d'un certain monde peut-être, rien ne semblerait pouvoir dispenser !... Mais lui, éclairé d'une lumière plus haute et jugeant tout au poids du sanctuaire, se souvint que, prêtre selon l'ordre de Melchisédech, il devait, comme ce modèle typique du sacerdoce nouveau, paraître, au besoin « sans père ni mère »; que, ministre de Jésus-Christ, il était tenu, plus encore que les simples disciples, de « laisser les morts ensevelir leurs morts » et que, en certains cas plus solennels, dans l'occurence simultanée des convenances naturelles ou sociales à observer et des devoirs urgents du saint ministère à remplir, il lui fallait, se donnant de préférence à ces derniers, faire passer avant toutes choses, ce que réclamait d'abord et impérieusement le service et la gloire de Dieu.

Oui, *Dieu et sa gloire*, avant tout le reste : ce fut bien là, en effet, même avant de l'avoir expressément formulée de la sorte, la devise et le vrai mobile de toutes les actions du jeune prêtre, et il n'eut de repos qu'après avoir entrevu la possibilité d'y mieux travailler, dans une vie plus parfaite.

L'abnégation sacerdotale dont l'abbé Goulouand venait de donner une preuve si convaincante ne devait pas peu contribuer à lui faire prendre une détermination généreuse dont la pensée le poursuivait depuis quelque temps : ce fut de renoncer aux légitimes espérances que faisaient concevoir pour l'avenir, ses talents, et les fruits de son ministère dans les âmes, de quitter sa famille, sa patrie, tout ce qu'il possédait, pour aller, s'il le fallait, jusqu'aux extrémités du monde, conquérir de nouvelles terres à Jésus-Christ.

A l'époque dont nous parlons, il n'était bruit, dans les Annales de la Propagation de la Foi, que de la mort cruelle de Monseigneur Epalle, tombé sous la hache des féroces insulaires de l'archipel Salomon ; et bientôt après on apprenait que deux des nombreux missionnaires maristes qui avaient accompagné le prélat dans ces îles meurtrières, succombaient à leur tour, avec un humble frère coadjuteur, massacrés, puis dévorés par ces cannibales, dans d'abominables festins (1).

La Congrégation alors naissante, à laquelle appar-

---

(1) En lire l'émouvant et dramatique récit dans l'intéressant ouvrage : « *Dix ans en Mélanésie* », par le R. P. Monfat, S. M., libr. Vitte. Lyon.

tenaient ces glorieux martyrs de la charité, et qui
était décorée du beau nom de Marie, conquit par le
fait même, et sans autre examen, toutes les sympathies du zélé et fervent abbé Goulouand. Nourri, dès
son enfance, de la dévotion la plus tendre et la plus
profonde, envers la Reine des Apôtres et des Martyrs,
bercé, dans son sommeil, au son des pieux cantiques
où revenait sans cesse ce nom le plus mélodieux et le
plus suave qui fût jamais, il comprit l'avertissement
du ciel et résolut d'y répondre sans retard.

Il mûrit d'abord parfaitement son projet, prit toutes
les précautions pour le faire réussir, fit en secret
toutes les démarches nécessaires. Puis, muni de
toutes les permissions requises, et désireux d'échap-
per à une explosion de regrets trop facile à prévoir,
le courageux vicaire partit, un beau matin, à l'insu
des habitants de la paroisse, et sans rien dire à personne de sa famille, ni de son entourage. Malgré
toute son habileté et sa circonspection en toute cette
affaire, il n'avait pu néanmoins empêcher quelques
vagues soupçons de se produire, et déjà, depuis plusieurs jours, quelques groupes, devinant à demi ses
desseins, stationnaient habituellement sur les chemins qui conduisent au presbytère. On l'attendait
pour le voir, faire de suprêmes instances pour le retenir, ou, au moins, recevoir de lui une dernière bénédiction.

Mais, ce fut en vain : il ne parut point. Par des
sentiers détournés, raconte un témoin attristé de l'événement, il avait évité la rue principale et suivi le
chemin qui, longeant la rivière, l'éloignait de toute
habitation. De cette manière, il parvint sans rencontre

redoutée, jusqu'à Rennes où il s'empressa de prendre la voiture publique pour se rendre le plus rapidement possible à Lyon et y commencer, dans la retraite et le silence, les épreuves du noviciat.

Tel fut ce généreux exode dont le caractère tout particulier nous provoque à un rapprochement que le lecteur ne trouvera peut-être pas dépourvu d'intérêt. Quelques années auparavant s'en était produit un autre, à peu près semblable, sur un autre point de la France, mais dans une contrée remarquable, elle aussi, comme la Bretagne, par la foi sincère et l'esprit religieux de ses habitants. Là, également, un matin, avant le lever de l'aurore, un jeune vicaire au cœur embrasé de la flamme apostolique quittait brusquement sa famille, ses amis, sa paroisse, sans prendre congé de personne ; et, dans le silence de l'oraison, d'un pas rapide et résolu, sans tourner la tête, s'avançait à marche forcée sur la route de St-Etienne, pour de là se diriger, lui aussi, à Lyon, au noviciat de la Société de Marie. A peine son année de probation était-elle terminée, que les vertus, la doctrine et le zèle de ce jeune prêtre intrépide attiraient sur lui, pour les missions les plus hautes, l'attention de ses supérieurs, et par l'ordre formel du Souverain Pontife, en dépit de son humilité profonde, il se voyait contraint d'incliner sa tête sous la mitre et de tendre la main vers le bâton pastoral. Il partait bientôt pour les îles lointaines confiées à sa sollicitude, en compagnie de fervents ouvriers apostoliques. Or, cet ancien vicaire, ce nouvel évêque, c'est précisément celui dont nous avons signalé tout à l'heure la mort précoce et glorieuse. C'est celui-là même dont le martyre uni au charme irrésistible du tout aimable Nom de Marie, avait exercé une influence si puissante, si décisive, sur la vocation de l'abbé Goulouand. Ainsi, l'ancien vicaire des montagnes de la Loire, avait, à son insu, mystérieusement attiré dans une Société d'apôtres, le vicaire des landes bretonnes, et celui-ci sans s'en douter davantage, avait imité exactement son aîné, dans les traits caractéristiques de sa fuite glorieuse, loin du monde et de son pays !... Tant il est vrai que partout, sous toutes les latitudes et dans tous les temps, les âmes d'élite se ressemblent !

O ravissantes harmonies providentielles ! ô mystérieuse et touchante fraternité des âmes, sous le regard et dans les embrassements ineffables d'une même Paternité divine !

Voilà donc les portes du noviciat refermées sur le fervent candidat à la vie religieuse, et définitivement ouverte devant ses pas, la carrière que Dieu lui destinait !... Avant d'y entrer avec lui, pour raconter sa vie de novice et le suivre ensuite sur les différents théâtres de son activité et de son zèle, il ne sera pas hors de propos, croyons-nous, de faire halte un moment, pour esquisser, au préalable, un sommaire aperçu de ses qualités d'homme et de ses vertus de chrétien. Ce sera la meilleure préparation à l'intelligence des hautes vertus du prêtre et du religieux, car, comme la grâce ne détruit pas la nature, mais la purifie et la perfectionne, cette même grâce divine greffée, pour ainsi dire, sur les qualités humaines, ne tarde pas à transformer celles-ci en vertus chrétiennes qui, à leur tour, préparent, soutiennent et parachèvent les plus hautes vertus sacerdotales et religieuses.

* *
*

SA BONTÉ ET SA CHARITÉ

La première et la plus saillante des qualités natives du P. Goulouand, est la *Bonté*, « la chose qui ressemble le plus à Dieu et désarme le plus les hommes » a dit Lacordaire. Il était de ces grandes âmes qui, seules, au dire de Fénelon « savent combien il y a de gloire à être bon ». Oui, comme il ressort déjà du peu que nous avons raconté jusqu'ici, comme il paraîtra bien plus encore par la suite du récit : la bonté, l'amabilité, ce fut, en même temps que la note distinctive et caractéristique de cette belle vie, le point de départ et le tout-puissant levier de toutes les autres qualités et vertus ; car, sous l'action de la grâce, elle devint en peu de temps cet ardent et surnaturel amour du prochain qui, inséparable de l'amour de Dieu, est le brûlant foyer de tout zèle et de toute vertu apostolique.

Au demeurant, cette qualité précieuse, chez notre saint religieux était reconnue et proclamée par tous, à un tel point, qu'on ne l'appelait jamais autrement que le « bon, l'excellent Père » avec un accent qui imprimait à ce qualificatif une force et une sincérité de conviction bien éloignées de la signification banale qu'on lui donne habituellement. C'est que, ce généreux apôtre pouvait, toute proportion gardée, dire à tous, comme St-Paul : *non augustiamini in corde meo :* vous n'êtes pas à l'étroit dans mon cœur ». Il prenait une part très vive à toutes les douleurs qu'on lui signalait, chez les petits comme chez les grands, sa grande tendresse d'âme le portant de lui-même et indistinctement vers toutes les misères et toutes les infortunes. Néanmoins, la pente naturelle de son cœur l'inclinait à aimer plus particulièrement les pauvres, les faibles, les petits, les moins favorisés de la fortune, de la nature ou des circonstances. Son affection était si sincère et si vraie que les sentiments de son âme pleine d'amour pour ses frères, se traduisaient avec une frappante fidélité jusque sur sa physionomie elle-même. Il aimait le prochain en Dieu et pour Dieu, voilà le secret de son charme irrésistible et de son influence sur les âmes. C'était bien pour tous, et toujours le *« bon Père »* prêt à accueillir tout le monde avec un doux sourire et une parole aimable. Et il se donnait, se dépensait également pour tous, et pour chacun en particulier, avec tant de générosité, tant de constance et de bonne humeur, comme s'il n'eût eu qu'à s'occuper d'une personne au monde, que chacun aussi se croyait l'objet d'un amour spécial et privilégié. Combien de fois n'est il pas arrivé à tels ou tels de ses pénitents, à nombre de ses pénitentes de dire, avec la conviction la plus profonde : « Oh ! moi, je suis, de la part du P. Goulouand, plus favorisé que n'importe qui ; il est impossible qu'il ait avec d'autres les mêmes attentions, les mêmes égards, les mêmes délicatesses ? »

La tendre charité du « bon père Goulouand » se manifesfait de mille manières diverses, et sur ce point plus que sur tout autre encore, sa correspondance est particulièrement intéressante et instructive. Suivant les occurrences et les besoins, il savait, avec un merveilleux talent, encourager, consoler, fortifier, ou secourir même matériellement dans le malheur ou l'infortune. Tout d'abord ses tendresses les plus vives aux âmes qu'il dirigeait dans les voies du salut et de la perfection. On sent cet amour de prédilection déborder, pour ainsi dire, à chaque ligne des lettres qu'il eut occasion d'adresser à plusieurs personnes. Disciple de S. François de Sales, il n'employait en s'adressant directement à elles, aussi bien sur le papier qu'en conversation, que les termes de l'affection la plus paternelle, comme : « mon enfant, mon cher enfant, ma chère enfant », et sa signature était presque toujours précédée des formules suivantes ou autres semblables : « ..... Je vous bénis de tout mon cœur de Père ! ... — de Père bien, bien, bien tendrement dévoué, etc. » Lorsqu'il se trouve en voyage, éloigné des personnes avec lesquelles il est habituellement en rapport, le P. Goulouand remercie avec effusion ses correspondants des lettres qu'ils lui envoient, ou bien il gourmande doucement si on paraît le négliger, si on tarde trop à lui écrire. « Votre lettre, vos lettres m'ont fait tout de plaisir ! » a-t-il coutume de dire. Ou, au contraire, lorsque la correspondance languit trop à son gré...

« Etes-vous malade ou boudez-vous, de me laisser si longtemps sans nouvelles ? car, voilà plus de dix jours que j'ai reçu votre seconde lettre; mais j'en attendais une troisième pour répondre... donnez-moi de vos chères nouvelles et de celles de toute la chère famille. »

Barèges, 1er juillet 1882.

Une autre fois, après avoir parlé de divers agréments dont il jouit en cette station thermale, il ajoute :

« Oh ! ne croyez pas pourtant que Barèges me fasse oublier Paris, ni mon N *** dont je bénis tous les chers habitants et dont je veux avoir plus souvent des nouvelles. »

Quelques jours plus tard, à la date du 20 juillet le « bon Père » écrivait encore...

« Je crois que nous nous négligeons un peu tous les deux ! Il ne faudrait pourtant pas... Donnez-moi donc plus de nouvelles. Il n'y a donc plus rien à Paris ? Voilà cinq semaines que je n'en entends plus parler ! Que votre prochaine lettre m'apporte de bonnes choses au sujet de votre âme. C'est mon plus grand, je dirais presque mon unique désir pour l'enfant que j'aime tant ! Que Dieu exauce mes désirs pour vous, chère enfant ! Qu'il vous bénisse comme je vous bénis moi-même de tout mon cœur de Père bien, bien, bien tendrement dévoué en J. M. J. »

Où brillait particulièrement la bonté du P. Goulouand c'est dans la tendresse non moins habile que délicate dont il savait user pour consoler les âmes soumises à l'épreuve ou plongées dans l'affliction. Quelques nouveaux extraits de sa correspondance en feront foi. Voici comment il écrit à une mère très inquiète au sujet de son fils déclaré, par les médecins, très gravement malade:

« ...Je crois, chère enfant, que vous vous exagérez la maladie de notre cher Camille. D'abord est-ce bien une maladie de cœur ? On ne vous l'avait pas dit jusqu'ici. Les médecins se trompent si souvent ! Ils m'ont déjà condamné trois ou quatre fois comme perdu, et je vis toujours !... Ne pleurez donc pas votre cher Camille ! Je suis bien convaincu qu'il vous survivra, pauvre maman !... Mais j'aime à vous voir trouver dans cette douleur de votre cœur maternel un nouveau motif de vous tourner vers Dieu qui ne nous envoie des souffrances et des peines que pour nous obliger à recourir à Lui, comme à notre Force, notre Consolation et surtout notre Récompense. »

Quelque temps après, il écrit encore à la même :

« C'est par vous que je termine ma correspondance de Barèges, comme c'était par vous que je la commençai. C'est que vous m'êtes tant, chère enfant !... J'ai bien de la peine de savoir ce Camille toujours malade ; mais croyez-moi, il guérira et vous serez doublement heureuse ! Je vous promets une pensée toute spéciale pour ce cher enfant, à N.-D. de Lourdes...... Je vous apporterai une petite bouteille de l'eau de la Fontaine Miraculeuse que je puiserai moi-même, à l'intention de notre cher petit malade..... J'irai vous voir à N***, le plus tôt qu'il me sera possible. Vous savez le bonheur que j'aurai à me trouver au milieu de cette petite famille que j'aime tant !...»

Les années s'écoulent en variant et multipliant les épreuves pour les cœurs d'élite que Dieu veut purifier de plus en plus. Six ans plus tard c'est le tour du mari, atteint lui aussi d'une maladie grave, mortelle, et le P. Goulouand, toujours fidèle à son rôle de consolateur, écrit de Paris, le 4 mars 1888 :

« ...Selon votre désir, chère enfant, j'ai commencé ce matin la neuvaine que vous m'avez demandée. Il y a bien longtemps que je n'avais dit la messe avec autant de ferveur, tant je désire la guérison de notre cher malade ! Je continuerai jusqu'à la fête de saint Joseph, et j'espère que ce grand Saint nous consolera en rendant une santé parfaite à votre cher mari. Dites-lui bien, s'il vous plaît, combien je regrette de ne pouvoir, à cause de mes jambes, aller le voir et lui dire combien je pense à lui et désire sa guérison !... On m'a dit que vous-même n'alliez pas bien non plus. Je vous en prie, chère enfant, soignez-vous, dans l'intérêt de Monsieur. Que deviendrait-il si vous étiez forcée de vous aliter, et qui prendrait soin de lui ? ..

6 mars 1888 (mardi soir)

Pauvre chère enfant.

« Je viens d'envoyer prendre des nouvelles de notre cher malade. On m'a dit qu'il était toujours bien souffrant. Que je souffre moi-même, de vous voir dans une position aussi douloureuse ! Toutes mes prières sont pour vous et pour Monsieur. Je suis toujours avec vous, par la pensée, partageant vos angoisses, demandant à Dieu de guérir l'un et de consoler l'autre..... Je vis dans une anxiété si grande qu'elle me fait mieux comprendre ce que vous devez vous-même endurer ! Pauvre chère enfant, sanctifiez bien un état si pénible pour le cœur, mais qui peut être si méritoire pour le ciel. Offrez bien au bon Dieu, pour le bien du cher malade tout ce que vous endurez de fatigues, de chagrins et d'inquiétudes. Elevez votre cœur vers Dieu pour lui demander force, courage et résignation. Encore une fois, toutes mes prières sont pour vous et le cher malade. Si vous le pouvez, faites-moi donner des nouvelles... Et que le Dieu de toute consolation console et soutienne ma pauvre et chère enfant que je bénis de tout mon cœur de Père bien compatissant à ses peines. »

Ainsi gémit et pleure avec les affligés l'âme du P. Goulouand ; mais hélas ! malgré les larmes, les prières redoublées, le fatal dénouement qui n'était que trop prévu vint à se produire et le consolateur se faisant encore plus tendre, s'il est possible, écrit aussitôt pour essayer de répandre un peu de baume adoucissant sur une blessure si cruelle :

8 mars 1888 (jeudi matin).

Pauvre chère enfant.

« Si l'on pouvait se voir des yeux de l'âme, comme des yeux du corps, vous me verriez souvent près de vous, durant ces jours de tristesse et de désolation ! tantôt priant avec vous près de ce lit funèbre et pour le cher défunt, tantôt vous adressant du fond du cœur quelques paroles d'encouragement et de consolation, tantôt vous disant de prendre soin de votre santé et de ne pas oublier les besoins du corps pour ne penser qu'aux besoins de l'âme du cher défunt. Et c'est à ce sujet que je vous adresse ces quelques lignes inspirées par mon grand intérêt pour vous et vos chers enfants. Je vous en prie, soignez-vous, malgré votre douleur qui vous empêche de sentir le besoin de nourriture et de repos. Forcez-vous à prendre quelque chose, et surtout quelque chose de fortifiant. Je ne voudrais pas que vous fissiez maigre demain, ni vous, ni les chers enfants, ni toute la maison. Vous êtes, pauvre chère enfant, écrasée de fatigue et de peine ; je crains que vous ne tombiez malade après ces jours de surexcitation.

.... Croyez-moi, et faites ce que je vous dis : Dieu le veut, et vos enfants aussi ! Que deviendraient-ils si vous alliez tomber malade ?..... Si le cher mort pouvait parler, il vous dirait comme moi de vous soigner, de ménager vos forces pour vos chers enfants qui n'ont plus que vous sur la terre !

.... Je continue à offrir toutes mes prières pour l'âme du cher défunt et pour la consolation de sa pauvre veuve et de ses enfants.... Que Dieu vous fortifie et vous console, pauvre chère enfant ! Je vous bénis, avec les deux chers enfants, de tout mon cœur de Père qui prend bien part à votre peine et à votre chagrin. »

Un mois après le funeste événement, lorsque la première douleur est un peu calmée, l'ami dévoué se souvenant qu'il est toujours le directeur de la conscience et le ministre de Dieu, s'efforce de surnaturaliser cette dure épreuve en la tournant vers le ciel :

« ...Oh ! mon enfant », écrit-il le 8 avril suivant, « croyez que Celui qui a fait ces douloureuses blessures à votre pauvre cœur a des consolations pour les adoucir, si vous l'en priez. Redoublez donc de confiance et d'abandon à sa très sainte volonté. Ne regardez jamais vos croix du *côté de la terre*, comme disait St François de Sales, mais du *côté du ciel où la foi vous les montre couvertes de pierres précieuses qui feront votre richesse éternelle !*

« Dès que vous sentez la tristesse envahir votre pauvre

âme, levez les yeux au ciel, et voyez-y vos chers défunts qui vous disent de ne pas pleurer, puisqu'ils sont heureux, mais de travailler à mériter d'aller les rejoindre un jour. Encore une fois, chère enfant, je trouve que vous ne pouviez pas perdre vos chers défunts dans des circonstances plus rassurantes pour leur salut. Dévouez-vous maintenant aux deux enfants qui vous restent pour leur faire suivre le chemin de leurs aînés et le suivre vous-même. Oui, désormais, ma chère enfant, tout en prenant le soin convenable des intérêts matériels, adonnez-vous surtout et pardessus tout aux choses spirituelles qui seules peuvent vous donner quelque consolation dans cette terre d'exil, et surtout assurer votre salut éternel. »

Enfin, pour bien mettre en tout son jour l'art merveilleux du P. Goulouand, en son rôle de consolateur, nous ne saurions passer sous silence les lignes suivantes par lesquelles il rassure une dame sur les craintes qu'elle éprouvait au sujet du salut éternel de son mari....

« Oui, je veux vous écrire encore, ma bien chère enfant, et vous montrer combien je suis votre Père et combien j'estime votre chère âme. Pourquoi donc toujours écouter ces voix menteuses du démon qui voudraient vous faire craindre pour le salut de votre cher mari ? Je vous ai dit souvent que Dieu avait vraiment tout fait pour assurer une bonne mort à ce cher ami. Jamais je n'aurais espéré de si bonnes dispositions, à ce moment suprême. Dieu ne fait pas les choses à demi ! Et les bonnes dispositions du regretté défunt montrent *l'action visible* de Dieu. Votre cher mari est mort aussi saintement que vous le pouviez désirer, et vos craintes seraient injurieuses à la divine miséricorde si vous ne les combattiez !.. »

L. P. Goulouand avait des paroles de consolation pour toutes les peines. Dans une autre circonstance, il écrivait à une personne qui s'était volontairement mise à la tête d'une œuvre de charité et de dévouement riche de contre-temps et d'épreuves, surtout à ses débuts :

...« Compatissance bien vive et sincère à toutes les peines, croix, pertes, maladies de notre chère sœur et enfant M. N***. Mais grand et ferme espoir que si elle s'appuie sur *Dieu seul*, et que son œuvre soit voulue de Dieu, rien ne pourra nuire à cette œuvre... Le plus petit brin de confiance en soi-même ou dans les créatures, nuit plus aux œuvres de Dieu que toutes les pertes extérieures, que toutes les croix, que toutes les peines intérieures. *In cruce vita ! Dieu seul ! Dieu seul ! Dieu seul !* par Marie et Joseph. — Que Dieu la console, la fortifie, la soulage dans ses maladies !....»

Remarquait-il dans une âme trop de timidité ou trop de réserve à faire connaître ses misères petites ou grandes, le bon père provoquait lui-même les confidences qui ouvrent le cœur et allègent le poids de la souffrance....

« Je vous aime trop », écrivait-il à l'une d'elles, « pour ne pas vouloir votre plus grand bien.... Tenez-moi donc toujours bien au courant de tous ce qui intéresse votre âme qui m'est si chère, vous le savez bien, et ne craignez jamais de me redire les mêmes choses ; je suis trop votre père pour ne pas vous venir en aide autant que je le pourrai par mes conseils et mes prières ».

Quand l'ouverture du cœur ainsi sollicitée s'était enfin produite révélant des préoccupations ou des inquiétudes plus ou moins considérables, il mettait tous ses soins à tout faire rentrer dans le calme et dans l'ordre.

.... « Ne vous préoccupez point de l'avenir», écrivait-il un jour à une respectable veuve, mère de famille, « vivez au jour le jour, bien abandonnée au bon plaisir de Dieu qui vous aime et de Marie, votre bonne Mère. Appliquez-vous à bien faire chaque chose, sans penser au passé, sans trop vous préoccuper de l'avenir. Soyez tout entière à ce que vous faites dans le moment. C'est le meilleur moyen de bien faire chaque action et de se maintenir en paix. Ne vous laissez jamais envahir par la tristesse : c'est le plus mauvais de tous les conseillers : elle décourage et dégoûte du devoir : c'est le meilleur auxiliaire du démon. Efforcez-vous d'être toujours *d'égale et bonne humeur*. Cela coûte beaucoup, mais rapporte infiniment pour le ciel : c'est le meilleur auxiliaire de toutes les prédications pour vos chers enfants et toutes les personnes qui vous entourent......»

Dans nombre d'autres passages de ses lettres, le P. Goulouand combat avec énergie le manque de confiance en Dieu et en Marie, rappelle, en insistant beaucoup, que le *sensible*, la *douceur* dans la dévotion ne sont pas du tout nécessaires, mais seulement la bonne volonté et l'action, recommande de fuir la tristesse et le découragement : mais une expression soulignée dans la dernière citation ci-dessus mérite de nous arrêter particulièrement quelques instants : *être toujours d'égale et bonne humeur*. Voilà bien, encore, une qualité, une manière d'être du P. Goulouand, non moins personnelle et caractéristique que sa bonté elle-même, ou plutôt comme une forme à part de cette même bonté. C'est, en tout cas, une recommandation fréquente dans sa bouche et parfaitement appuyée par l'exemple qu'il en donnait le premier et en toute occasion.

Dans sa correspondance, cette bonne humeur inaltérable prend assez souvent la tournure d'une plaisanterie aimable et de bon aloi qui roule plus d'une fois sur sa propre personne.

... « Vous savez, ma chère enfant, » écrit-il de Paris, le 1er septembre 1888. « que j'ai un peu l'esprit de contrariété ! Je veux vous le montrer aujourd'hui. Vous me dites de ne pas vous répondre et je le fais : et quand vous me demandiez autrefois de le faire, je ne vous répondais pas ! N'est-ce pas là l'esprit de contrariété ?... Mais je suis sûr que cette contrariété ne vous déplaira pas..... »

Une autre fois, après avoir parlé de la nouvelle maison bâtie à Rome par la Société de Marie, pour servir d'abord de résidence au Procureur près le St-Siège et plus tard à tous les premiers supérieurs de la *maison Généralice*, le P. Goulouand ajoute :

.... « Si jamais vous retournez à Rome vous pourrez aller vous confesser à des Pères Maristes. Oh ! si j'avais seulement la moitié de mon âge !... C'est moi qui désirerais aller habiter Rome. puisque je n'ai pu aller en Océanie où j'aurais peut-être été martyr comme notre P. Chanel !.... Mais tout cela est trop beau pour moi ! et il faut bien me résigner à n'être que le pauvre *père béquillard* qui ne saurait faire marcher les autres puisqu'il marche si mal lui-même. »

Cette appellation plaisante et cette allusion aux effets pénibles du mal dont il souffrit de longues années lui étaient assez familières, ce qui n'était pas sans quelque mérite de sa part, car il a plusieurs fois avoué que l'obligation d'user de béquilles dans cette dernière partie de sa vie l'humiliait véritablement et était plus douloureuse encore à son esprit qu'à son corps.

Il nous reste, pour compléter cet article, à jeter un coup d'œil sur un dernier et non moins remarquable caractère de la bonté du P. Goulouand. Il peut se formuler ainsi : l'intérêt profond et *universel* que le bon Père si généreux, si dévoué, portait, pour le temporel comme pour le spirituel, à tous ceux qui. de près ou de loin, par eux-mêmes ou par intermédiaires, entraient dans la sphère de son action apostolique, devenaient les clients et bénéficiaires de son ardente charité.

Cette charité le portait tout d'abord, comme de juste, à donner la plus large part des préoccupations de son cœur aux âmes venues d'elles-mêmes se placer sous la direction de la sagesse, de l'expérience, de la sainteté qui brillaient en lui d'un si vif éclat. La tendresse dont il les entourait, semblable à celle d'une mère pour son enfant bien-aimé, s'étendait absolument à tout.

Non content de procurer de toutes ses forces le bien spirituel des ses pénitents, il ne négligeait rien de ce qu'il lui était possible de faire pour leur venir effica-cement en aide en toutes leurs difficultés et nécessités matérielles. Pour cela il s'informait de leurs besoins, de leurs projets, de leurs affaires, s'appliquant à leur servir de guide, de conseiller, d'appui, au besoin s'entremettant auprès des autres pour leur faire obtenir du prochain tout ce qu'ils étaient en droit d'attendre ou dans l'obligation de demander de nécessaire ou simplement d'utile.

Mais là ne se bornait pas l'ardente charité du P. Goulouaud. Jaloux d'en étendre l'action de plus en plus, d'en faire rayonner au loin l'influence, d'en mul-tiplier le plus possible les fruits et les résultats, l'ingé-nieux directeur poussé par un zèle infatigable et brû-lant du désir de gagner à J.-C. un plus grand nombre d'âmes, savait se servir, dans ce but et pour cet effet, de ses pénitents eux-mêmes. Il les mettait, pour ainsi dire, à la recherche de la brebis égarée et leur ensei-gnait à soigner le corps pour parvenir plus sûrement, par ce moyen, à la conquête des âmes. Aussi que de succès, que de triomphes obtenus, que de victoires gagnées contre l'ennemi du salut sur ce nouveau terrain de combat !

Comme le vœu de pauvreté mettait notre saint religieux dans l'impossibilité de faire personnellement des aumônes, il mit à contribution certaines familles généreuses dont il avait la confiance, et il trouva par là le moyen de soulager bien des misères, de combler des déficits, d'éteindre ou d'amortir des dettes et de fournir quelques avances pécuniaires à plusieurs dans des besoins pressants. Le désir de soulager l'infortune lui donnait la force de triompher de toutes les répugnances de la nature dans son rôle volontaire de solliciteur et l'exposa aussi plus d'une fois à devenir, au détriment des véritables nécessiteux plus réservés ou plus timides, le jouet de quelques-uns de ces exploiteurs habiles et sans scrupules qui abondent dans les grands centres de population, plus encore dans la capitale. Plus clairvoyantes que lui sur ce point, les personnes auxquelles il s'adressait pour ses largesses aux pauvres, lui manifestèrent, en plusieurs rencontres, leurs craintes à cet égard. Mais son âme droite et loyale jugeant les autres d'après lui-même, répugnait à admettre facilement qu'on voulût le tromper et abuser de sa complaisance.

Toutefois il dut bien reconnaître et il raconta même plusieurs fois la supercherie dont il fut victime de la part d'une femme soi-disant pauvre, assistée, grâce à son intervention, plusieurs années de suite, et que la bienfaitrice ne put jamais parvenir à trouver le jour où elle voulut porter en personne son offrande au domicile faussement indiqué. Sans doute, une crédulité trop grande est un défaut qui expose à des erreurs et à des mécomptes, mais le charitable et compatissant religieux pensait avec raison que l'excès en ce genre sera moins blâmé que l'excès opposé au tribunal de Dieu, et que, somme toute, il vaut mieux pécher par trop de miséricorde que par dureté et témérité de jugement. C'est qu'il avait lu et médité ces paroles de nos S. S. Livres : « *Dilexi nimis... Je vous ai trop aimés.* » « Aimons trop », dit un penseur, « pour aimer comme Dieu. » (Abbé Roux).

Il faut dire ici, d'ailleurs, à la louange des personnes charitables qui servaient d'intermédiaires au P. Goulouand, que malgré leur juste défiance de son discernement dans le choix de ses protégés, du moins dans certains cas, elles ne pouvaient résister à l'accent de ses plaidoiries éloquentes et émues en faveur des malheureux. Elles donnaient même parfois sans compter, laissant à Dieu et à la délicatesse (peut-être inspirée, malgré tout, se disaient-elles,) du charitable confident et distributeur de leurs aumônes, le soin d'en faire l'usage et la répartition convenables. Quant aux dons qui avaient directement pour but l'entretien du culte ou la prospérité et la diffusion des œuvres pies, ils ne trouvaient jamais de résistance ou d'objections dès que le P. Goulouand avait parlé.

Quelquefois il envoyait lui-même les personnes qui s'adressaient à lui, dans les familles pauvres dont la détresse était venue à sa connaissance. Une fois, il s'agissait d'une famille nombreuse au sein de laquelle, comme il n'arrive que trop souvent de nos jours, dans les milieux populaires surtout, régnait une fâcheuse division au sujet des croyances et pratiques religieuses.

La mère pratiquait bien tous ses devoirs de religion, mais le père était un pauvre ouvrier sans principes, comme sans écus, et ne pouvait suffire à élever ses nombreux enfants. Sur la recommandation du P. Goulouand, la charitable visiteuse porta souvent dans l'humble réduit de l'argent, des vêtements, de la nourriture, et cela pendant plusieurs années. Elle faisait venir les enfants chez elle et là il fallait les laver, les peigner, les débarrasser de la vermine dont ils étaient dévorés, leur donner, en un mot, par des soins assidus et tout maternels, propreté, bonne mine et santé. On tâchait de faire tout pour le mieux afin d'obéir au « bon Père », et non seulement on ne se plaignait jamais, mais grâce à l'esprit surnaturel insufflé par le saint directeur, on estimait mission honorable, sublime, et en quelque sorte divine, ce que le manque de foi eut pu faire considérer comme une corvée coûteuse, et plus encore pénible et dégoûtante.

A la fin, l'inspirateur comme les instruments immédiats d'un si généreux dévouement en recueillirent le fruit le plus consolant et le plus précieux qu'ils pussent ambitionner : le pauvre chef de famille, vivement touché de cette admirable charité, vint se jeter aux pieds de l'humble prêtre, lui fit l'aveu de ses fautes, et commença une vie nouvelle et toute chrétienne. C'était bien là assurément la récompense des récompenses pour le Père Goulouand, toujours si avide de procurer, par tous les moyens en son pouvoir, la gloire de Dieu et son règne dans les âmes. C'est là également le secret mobile de toutes les démarches qu'il fit, de tout le mouvement qu'il se donna, non sans succès, nous venons de le voir, pour venir en aide à tant de pauvres gens, payant de nombreux loyers, opérant maintes réconciliations, rétablissant la paix dans les ménages, et le tout au moyen de ces sommes d'argent qu'il tirait de la bourse des personnes plus favorisées des dons de la fortune, malgré toute la répugnance naturelle qu'il éprouvait à se faire solliciteur et mendiant.

Ce qui lui faisait fouler aux pieds toutes ces répulsions intimes et surmonter courageusement tous les obstacles c'était l'ardente charité dont son cœur était embrasé pour ces petits, ces faibles, ces misérables qu'il considérait comme ses enfants de prédilection et qu'il désirait avant tout rendre ou maintenir enfants de Dieu.

Ce tout particulier amour pour le prochain (si parfaitement mariste par l'objet sur lequel il se portait de préférence : l'humble et modeste classe des petites gens), peut bien passer à bon droit pour la plus haute et plus complète manifestation de cette inépuisable bonté qui se donnait sans réserve à tous et à tout, et dans laquelle se résument admirablement, à vrai dire, toutes les qualités naturelles et acquises du Père Goulouand. D'autre part, une telle richesse de cœur laisse aisément deviner d'avance jusqu'à quels sommets s'élèveront, édifiés sur une si puissante base, tous les autres amours, toutes les ardentes affections du serviteur de Dieu considéré successivement comme religieux d'abord, puis comme prêtre, dans l'exercice de ses divers ministères apostoliques. C'est ce que vont nous révéler d'ailleurs, les chapitres suivants.

CHAPITRE II

LE RELIGIEUX

**Le Noviciat : Agenda spirituel ; Plan de la vie religieuse. —
Dévotion à la Ste Vierge. — Amour de la Société. — Vertus
religieuses.**

LE NOVICIAT

Dès les premiers jours de janvier 1849, l'abbé Goulouand arrivait à Lyon. A peine rendu dans cette religieuse cité où il venait se consacrer plus spécialement à Dieu, sous les auspices de Marie, il tourna sa première pensée vers l'illustre sanctuaire dédié par la piété de ses habitants à l'Auguste Reine du ciel et de la terre. Il s'empressa donc de monter à Fourvières pour mettre aux pieds de la sainte Vierge et lui confier avec un plein abandon sa personne, son entreprise, toutes ses espérances.

Dans une lettre qui demeurera comme un monument de sa tendre piété envers sa « Bonne Mère », il traduisait ainsi les impressions produites en lui par la visite de la célèbre chapelle :

« Que vous seriez heureux d'avoir à Rennes un aussi beau lieu de pèlerinage ! Toute la Bretagne, je le sais, y accourrait en foule. Ce sont, ici, des milliers de pieux pèlerins qui viennent, chaque année, le visiter, de tous les points de la France et du monde.

« La chapelle est pourtant bien pauvre, bien modeste, située sur le haut d'une colline très pénible à gravir ; mais la Sainte Vierge s'y montre si douce, si bonne, si puissante, qu'on ne regarde point aux difficultés de cette pénible ascension......

... Rien de si édifiant que le recueillement et la piété de la foule qui la remplit sans cesse et semble n'avoir, pour ainsi dire, des yeux et une langue que pour regarder, prier, louer Marie qui présente à tous son Jésus, avec un doux sourire ».

Après une courte retraite préparatoire, l'abbé Goulouand fut admis à suivre les exercices du noviciat, en compagnie d'un nombre croissant de jeunes prêtres et autres ecclésiastiques ou jeunes gens venus des diverses contrées de la France, d'Irlande, de Savoie, etc... Il eut le bonheur d'avoir pour Maître des novices et pour directeur de sa conscience le R. P. Maîtrepierre, de douce et vénérée mémoire, « homme doué d'un rare discernement des esprits et d'un tact délicat et sûr dans l'art et la manière de les traiter. » Le religieux qu'on lui avait donné pour " *Socius* " et qui était chargé de l'aider ou, au besoin, de le remplacer, particulièrement pour la présidence des exercices publics, était digne du Maître, par son esprit de sacrifice et de mortification. Le P. Joseph Monnier pouvait, en effet, être regardé comme l'exemplaire vivant des leçons données aux novices. Ses rares talents et ses aptitudes diverses ajoutaient encore à l'éclat de ses vertus et à l'autorité de sa parole.

Tels étaient les guides ménagés par la divine Providence à la bonne volonté du nouveau novice. Sous la conduite de ces habiles Maîtres, frère Goulouand se mit à l'œuvre avec toute l'énergie de son âme, et nous sommes heureux de pouvoir résumer ici les notes qu'il a laissées et qu'il rédigea durant le cours de cette année de probation, dans le dessein de bien étudier l'action de Dieu sur son intérieur. On y lira avec édification : ses résolutions de retraite, les résumés de ses méditations, et des considérations religieuses où se révèle si fidèlement le travail de la grâce, dans son extrême vigilance à bien remplir toutes ses obligations, à sonder sa conscience et à réprimer son imagination jusqu'en ses moindres écarts.

Le 30 avril 1849, au moment de commencer les exercices de St-Ignace, il s'attache à établir trois choses qui doivent le fixer, à jamais, au service de Jésus-Christ, par les mains de Marie ; c'est que : 1° Ce sera la dernière fois que cette grâce du noviciat lui sera octroyée avec tant d'abondance ; 2° Toute personne au monde, si la faveur de semblables exercices lui était accordée, y trouverait l'occasion de devenir meilleure ; 3° Dieu lui demandera un compte sévère d'une grâce si signalée. Puis il ajoute :

« On m'a bien des fois répété, j'ai lu, médité bien souvent moi-même cette vérité, que pour bien faire une action, il faut s'en acquitter comme si c'était pour la dernière fois : voici le cas. »

Sous l'empire de ces réflexions, il écrit chaque jour les pensées qui l'ont le plus particulièrement frappé, et à chaque date, il marque, avec une candeur admirable, par les simples notes suivantes, comment il s'est acquitté de la méditation, quel en a été le caractère, triste ou consolant, agréable ou pénible : « *Assez bien, un peu distrait.... aujourd'hui, rien, pas une pensée sortie de ma pauvre tête !... Ce matin, sommeil invin-*

cible ! etc..... » Quand il a réussi à faire une méditation heureuse, féconde en affections ardentes et en
résolutions pratiques, il s'écrie, le cœur brûlant de
reconnaissance : « *Merci, mon Dieu ! de m'avoir si
bien visité aujourd'hui !... Oh ! que je suis donc heureux que vous vous soyez révélé à moi, en échauffant
mon cœur !...* » Dans le cas contraire, il revient à
cette plainte du Prophète : « *J'ai paru devant Vous,
Seigneur, et en votre sanctuaire, semblable à une terre
déserte, aride et impraticable !* » Puis il ajoute, avec
une pieuse et touchante acceptation de l'épreuve :
« *C'est pour mon bien que vous m'avez humilié.* »

Nous avons voulu compter ces alternatives de séche-
resse et de consolation. Dans l'espace de trois mois
seulement, elles se répartissent ainsi : quarante jours
marqués de la note « *Bien* » et à peu près autant de la
note « *Assez bien* ». Ceux qui restent sont des jours
d'épreuve et de ténèbres ainsi désignés : « *Rien, absolument rien !... Tête appesantie... Pitié ! Mon Dieu !* ».

« *A demain, mieux !* » A ce désir d'une meilleure
oraison pour le lendemain, il se hâte cependant
d'ajouter avec une humble et soumise résignation :
« *Verumtamen, non mea voluntas, sed tua fiat. Que votre
« volonté soit faite, Seigneur, et non pas la mienne !...
« Mon Dieu, la patience !!* » Ou cette maxime des
Saints : « *Que ma plus grande consolation soit de
« manquer de toute consolation.* » D'autres fois, pour
s'encourager, il écrit :

« Une heure donnée à l'Oraison, et pendant laquelle on
lutte contre les pensées étrangères, n'en reste pas moins un
hommage agréable à Dieu, puisqu'on a lutté contre son imagination, pour son amour. »

Le fervent novice soutenait encore son cœur par les judicieuses réflexions émises aux conférences du R. P. Maîtrepierre qui aimait tant à grandir et à élever, aux yeux de l'âme animée de l'esprit de foi, la notion des pratiques religieuses.

« Au lieu de vous laisser aller, disait-il, à quelque sentiment pénible, comme la nature n'y porte que trop, devant les difficultés de l'oraison ou la longueur du Bréviaire, regardez ces obligations moins comme des devoirs que comme des droits. C'est un privilège et un droit de votre vocation d'être appelés, chaque matin, avant toute autre affaire, à vous entretenir avec Dieu, de même que les anges au Ciel. C'est un privilège et un droit d'être députés par l'Église pour chanter debout ses louanges et pour offrir ses supplications, au profit des fidèles, distraits par leurs affaires et courbés si souvent en bas ! »

Le frère Goulouand goûtait, buvait ardemment ces belles considérations d'un maître si consommé dans les voies de Dieu. De là, son énergique résolution de ne jamais manquer l'oraison malgré tout le dégoût qui peut l'accompagner parfois. Cette résolution, il la renouvelait à chaque retraite, et se promettait bien de mettre, à la tenir, « *tout son entêtement de Breton* ». Puis, pour affermir de plus en plus, dans son esprit, cette généreuse détermination, il avait soin de l'appuyer, en consignant par écrit les paroles suivantes du T. R. P. Fondateur :

« Si vous aviez à choisir entre dire la Sainte Messe en omettant la méditation, faites plutôt la méditation et omettez la Sainte Messe : à l'autel, Dieu se donne ; à la méditation vous vous donnez, etc.; c'est le cas d'appliquer ici le texte de nos Saints Livres : « *Meliùs est dare quàm accipere !*... Au service d'un si bon Maître, il vaut mieux donner que recevoir. »

L'examen de conscience et la haute idée qu'il en avait conçue, inspire au frère Goulouand les mêmes engagements absolus et inébranlables. Et la raison qu'il en donne, dans ses notes, outre les avantages généraux et bien connus qui résultent de cet exercice pour tout le monde :

« C'est pour moi, en particulier, dit-il, la triste expérience du passé, les dix-huit derniers mois de mon ministère, à St-Hellier. J'ai reconnu clairement que mon relâchement avait commencé précisément lorsque j'ai commencé moi-même à négliger, puis à omettre la méditation et l'examen de conscience. Pour la méditation, pas de doute : pour l'examen non plus ; car, si je suis tombé si bas, c'est beaucoup plus, faute de connaître mon état que par malice. J'avais toujours le désir d'assurer mon salut. »

Puis encore :

« J'ai toujours remarqué que, pendant ces dix huit mois si funestes, mes confessions et les résolutions qui les accompagnaient, produisaient presque toujours en moi, un mieux sensible qui se faisait sentir plusieurs jours, et je ne doute pas que si l'examen de ma conscience était venu me rappeler souvent à mes résolutions, ce moyen ne fût devenu une habitude. Je tremble, en pensant au terrible avenir qui s'ouvrait devant moi, si Dieu, par sa miséricorde, ne m'eût retiré ici, dans cette chère solitude du noviciat, loin du monde où tout porte au relâchement et à la tiédeur, et souvent à pis encore. Je ne saurais trop bénir le Dieu de toute bonté qui m'a fait la grâce d'en sortir. Quand je n'aurais retiré que ce seul avantage de tout mon noviciat, que de reconnaître le danger où j'étais, j'aurais gagné beaucoup. J'aurai gagné le ciel, je l'espère. Donc, et c'est ma résolution bien ferme et bien sincère (daignent Dieu et Marie la bénir !) : *Mon examen de conscience, tous les jours et tout le temps voulu par la Règle, autant que possible.* »

Les dix-huit mois de ministère que déplorait le fervent novice, et ce relâchement prétendu ou, du moins, bien exagéré sans doute par l'humilité d'une âme désormais toute à Dieu, ne paraissent pourtant pas faire ombre au tableau que les anciens confrères du vicaire de St-Hellier nous ont tracé indistinctement des trois années passées, par leur jeune ami, dans cette paroisse où l'avait placé l'autorité diocésaine.

Dans une lettre, en date du 21 avril 1891, on résumait ainsi ces trois ans de ministère :

« Piété tendre, régularité exemplaire, zèle ardent, envers les jeunes gens surtout, simplicité attrayante, tels sont les traits principaux de cette figure vraiment sacerdotale. » « En un mot », ajoute un autre correspondant, « Monsieur l'abbé Goulouand, dans toutes les situations où il s'est trouvé, a laissé partout les meilleurs souvenirs. Intelligent et modeste, d'un caractère aimable et toujours égal, il était encore complaisant et charitable envers tout le monde. »

Telles étaient donc les vertus et qualités qui distinguaient déjà le jeune prêtre, au sortir du séminaire, et dans sa vie séculière. Ce coup d'œil rétrospectif amené par les circonstances nous aide à mieux comprendre la ferveur plus grande encore qui l'animait au noviciat et lui inspirait des sentiments si humbles sur un passé néanmoins si recommandable, mais pour tout autre œil que le sien. Cette même ferveur, durant l'année de probation, le porta à s'examiner aussi sur les plus intimes dispositions de son âme, au regard du renoncement et de la mort à soi-même, et voici comment il s'exprimait, le 13 juin 1849, sur l'indifférence pour tout ce que Dieu demande de nous :

« Les choses où cette indifférence est le plus difficile à obtenir, écrit-il, c'est entre la maladie et la santé, — entre le plaisir et la peine. — entre les richesses et la pauvreté, — entre les honneurs et le mépris, — enfin entre une vie longue et une vie courte.

« Eh bien ! j'en remercie le Seigneur, il me semble que sur ces cinq choses, trois me sont non pas seulement indifférentes, mais je sens que je préfère les plus désagréables aux plus aimables : *la pauvreté à l'abondance ; la peine au plaisir ; la vie courte à la vie longue* ». — Quant aux deux autres, c'est-à-dire : la maladie ou la santé, le mépris ou les honneurs, je n'ose trop encore me flatter de cette sainte indifférence ; mais je me sens le plus vif désir de m'établir dans cette disposition qui m'est si nécessaire pour acquérir une paix profonde ; c'est la résolution que je prends aujourd'hui ».

Dans le but de fortifier en lui cette détermination et de vaincre les dernières répugnances de la nature, il revient souvent sur les motifs les plus propres à agir efficacement sur sa volonté :

« Pour ce qui est de préférer la maladie à la santé, dit-il, voici quelques-unes des raisons qui m'ont le plus fortement impressionné : 1° dans la maladie on a beaucoup plus d'occasions de pratiquer des actes de vertu, et des actes souvent héroïques et bien méritoires de patience, de résignation, de mortification, de pénitence ; 2° un corps abattu par la souffrance est moins exposé à bien des tentations favorisées, au contraire, par le bien-être et la santé, telles que : impureté, amour du plaisir, affections naturelles, attaches aux choses de la terre ; 3° on reconnaît mieux le néant des honneurs, des plaisirs et des richesses ; 4° on est plus semblable à Jésus-Christ, en expiant les péchés que l'on a commis, plus semblable également aux saints qui ont tous préféré la souffrance à la santé.

« Quant à préférer le mépris à l'honneur, c'est ici que je crains l'illusion, à cause du sentiment que j'en éprouve. Mon Dieu ! rendez vraie, sincère et durable cette disposition où il me semble que je suis, en ce moment ! Voici les motifs qui m'y ont déterminé : 1° l'honneur, l'estime ont toujours produit en moi l'orgueil ; le mépris, au contraire, a produit en moi des sentiments d'humilité ; 2° l'envie de plaire est précisément ce qui a occasionné mes fautes, a introduit la tiédeur, la négligence, l'omission de mes exercices de piété ; 3º ce désir de l'estime me remplissait de complaisance en moi-même, de vaine gloire et d'ambition. Donc, aimons à vivre dans l'oubli, et, s'il le faut, dans le mépris des hommes. »

Dieu ne manqua pas de mettre en exercice l'humilité de son serviteur, car nous voyons, d'après ses notes, et aussi d'après ses confidences à quelques personnes admises dans son intimité, que le P. Goulouand eut à se défendre, toute sa vie, d'un grand sentiment de peine causé par sa prétendue « infériorité vis-à-vis « de ses confrères, en qui il trouvait toujours non seu- « lement plus de vertu et de mérite, mais encore plus « de talents que chez lui. »

« Il m'arrive souvent de pécher par orgueil, en m'affligeant de n'avoir pas autant d'esprit et de talent que mes confrères. Je devrais bien plutôt remercier Dieu de me les avoir refusés, puisque, avec le peu que j'ai, je suis si vain, si rempli de moi-même. — Je pèserai sérieusement cette réflexion qui pourra me faire du bien, je l'espère. — Je remercierai Dieu également pour tous les autres défauts que je trouve en moi : embarras, manque de mémoire, absence d'intérêt dans mes conversations, où je ne sais rien dire.... En conséquence, quand il me sera échappé quelque bévue, quelque étourderie (où il n'y aura pas faute théologique), accepter la confusion, y penser souvent pour m'accoutumer à en bien goûter l'amertume, m'y bien habituer, et chercher même à l'aimer. Le P. Maître m'a fait comprendre que le meilleur moyen de se débarrasser, autant que faire se peut, de toute tentation d'orgueil, c'était de le combattre en face, et de ne jamais rien omettre *par la crainte de la vanité*, de rechercher même les occasions où je serais le plus tenté sous ce rapport pour braver cet esprit d'orgueil. Je veux voir ces sentiments, sans y consentir, en peser toute la sottise, et dès qu'un sentiment de vanité s'élèvera en moi, ne pas le repousser comme une mauvaise pensée, mais en rire et m'en moquer intérieurement, m'exciter à la confusion d'être sensible à de telles misères. »

Ensuite, vient l'article mortification. L'ardent candidat à la perfection religieuse marque la manière de s'y exercer, demande à son directeur la permission d'user de macérations corporelles et s'attache surtout à la mortification intérieure. Voici quelques-unes des résolutions prises à cet égard :

« ...Je m'appliquerai à acquérir l'esprit de mortification qui fait qu'on s'impose une foule de petites peines et privations et qui me profitera plus que certaines austérités extérieures ou extraordinaires, trop souvent l'aliment de la vanité et la cause d'une certaine confiance en soi-même. Toutefois, en ce qui concerne la mortification extérieure, je m'engage à contrarier mon goût, dans les repas, en prenant ce que j'aime le moins, et les plats les plus mal préparés, et en m'abstenant de tout ce qu'on appelle friandises. — A mes yeux je refuserai les objets de pure curiosité — à l'odorat le parfum des fleurs, — à tous mes sens, certaines aises et commodités, comme celles qui consistent à s'appuyer le dos, les coudes, à mettre la tête dans ses mains, à croiser les jambes, etc.. etc. »

« Mais la plus importante mortification pour moi, sera : 1º de souffrir patiemment (même avec gaieté, si c'est possible) les paroles, les actions du prochain qui me contrarieront et auxquelles je veux faire bon visage ; 2º de rendre promptement et avec joie tous les services que le devoir ou la charité me commanderont de rendre à tout le monde ; 3º de ne contredire personne, quand le devoir ou la conscience ne m'y forceront pas. J'ai reconnu en moi cette funeste habitude de contrarier toujours les sentiments des autres ; il y a là orgueil insupportable.... »

Puis le bon novice conclut tout cet alinéa par cette note : (*Très important*), mise comme ici entre parenthèse et destinée sans doute à fixer fortement son attention sur le point dont il s'agit. Il poursuit ainsi :

« Quant à la charité envers le prochain, je m'y exercerai par les considérations suivantes : — « Il ne faut pas juger les gens sur la mine ». — Quand je verrai les défauts de mes frères, je me rappellerai que ces défauts sont ordinairement l'excès de leur vertu dominante. Ainsi un homme d'énergie, de grande activité sera ou me paraîtra être, fort souvent, sévère et rude. — Un homme d'une grande douceur et condescendance me semblera faible et pusillanime. — Sous des dehors désagréables se cache souvent le plus bel intérieur. Ainsi, l'écorce verte de la noix a bien mauvais goût, la bogue de la châtaigne est toute hérissée de piquants ; mais enlevez cette enveloppe et vous trouverez un fruit délicieux. »

Pour mieux conserver le fruit des conférences et des méditations du noviciat, le frère Goulouand voulut mettre la dernière main aux notes qu'il avait prises, en résumant dans un « *Agenda spirituel* » toutes les pensées saillantes qui pourraient, dans la suite, lui servir de ligne de conduite. Il les a récapitulées sous les titres suivants que nous allons transcrire, dans un rapide abrégé :

PENSÉES ET RÉFLEXIONS DIVERSES RECUEILLIES PENDANT MON NOVICIAT. 1849.

« TOUT OU RIEN ». Il faut remplacer ce prétendu principe par un autre qui est vrai et solide : « *tout ce que l'on peut* ». — *Tout ou rien* demanderait une perfection impossible ou entraînerait à un relâchement complet dans l'exercice de ses devoirs. »

« NE PAS ÊTRE EXCLUSIF. » — N'avoir qu'une chose en vue, ne désirer qu'elle et négliger tout le reste, est une grande faute. Qui peut prévoir toutes les circonstances qui m'obligeront à modifier ma conduite ? Il faut profiter de tout, s'instruire de tout ce qui peut être utile à mon ministère. »

« QUITTER DIEU POUR LE PROCHAIN. » — C'est, dit-on, avec St François de Sales, quitter Dieu pour Dieu. Oui, sans doute ; mais si je prends ce principe trop à la lettre, ou si je l'applique mal, j'en viendrais à négliger l'affaire de mon salut pour procurer celui du prochain, ce qui est formellement contraire à ces paroles de N. S. J.-C. : « Que sert à l'homme de gagner l'univers, s'il vient à perdre son âme ? ». « Les saints les plus zélés pour le salut des âmes se sont toujours réservé le temps nécessaire pour vaquer à leurs exercices spirituels, même au milieu de leurs plus grands travaux apostoliques. On lit, dans la vie de St François Xaxier, qu'il se cachait aux poursuites de ceux qui le cherchaient pour se faire instruire. Il commande par écrit, à ses missionnaires, de se réserver, tous les jours, le temps de faire leur examen de conscience et leurs autres exercices spirituels. — Celui-là, pourtant, savait bien apprécier ce que vaut une âme à sauver. Agir autrement, surtout dans les missions étrangères, ce serait exposer son salut aux plus grands dangers. Du reste, on doit songer que le temps employé à la prière, à la méditation, sera plus utile aux âmes, aux infidèles eux-mêmes que si on l'employait tout entier à les instruire. »

« CHARITÉ POUR LE PROCHAIN. » Il faut aimer le prochain, non pas autant, mais de la même manière que Dieu, du fond du cœur. Dieu regarde l'amour que nous avons pour le prochain, pour ainsi-dire du même œil que l'amour que nous avons pour lui-même. Combien de fois Jésus-Christ ne nous l'a-t-il pas recommandé ! Sans cette vertu, la plus fervente communauté devient un enfer.

« Mais si je veux avoir un amour sincère et surnaturel pour le prochain, je devrai combattre en moi l'amour de sympathie qui n'est basé que sur la similitude d'idées, ou sur les agréments naturels du tempérament, de la figure, de tout l'extérieur. — *Je demande à Dieu de multiplier autour de moi des caractères fâcheux, difficiles, des confrères à l'extérieur peu attrayant, afin d'être bien sûr que mes affections sont bien surnaturelles. Je fuirai comme la peste ces amitiés d'ambition* qui consistent à se faire bien venir des supérieurs pour gagner leur appui et se hisser au-dessus des autres. »

« GRAND MOTIF DE PATIENCE. » Toutes les créatures, vivantes ou inanimées, sont à Dieu, qui s'en sert pour accomplir ses desseins sur les hommes. Quand donc elles nous causent quelque dommage, quelque contrariété, il faut considérer ces créatures comme des instruments de la volonté de Dieu sur nous. »

« Vouloir et faire. » Voilà les deux principes fondamentaux de toute vertu solide et de toute bonne habitude à acquérir ou à conserver. Donc, vouloir fortement, sincèrement, opiniâtrément une chose, dès là qu'elle est bonne. La faire, quelle qu'elle soit, en quelque mauvaise disposition qu'on se trouve, voilà ce qui fait les saints. *Mais il faut cela, tout cela.* Vouloir, pendant quelque temps, n'est pas difficile, mais vouloir *toujours*, malgré toutes les répugnances, malgré tous les obstacles, voilà la vertu, voilà l'héroïsme ! Faire n'est pas, non plus, bien difficile, quand rien n'empêche, ni au dehors, ni au dedans, c'est-à-dire quand on en a le temps et le goût…. mais faire toujours, quand tout, en nous et hors de nous, s'y oppose, voilà le fruit d'une vertu consommée. »

L'Agenda spirituel contient encore différentes notes sur la Confiance en Dieu, l'Amour de Dieu pour les hommes, l'Amour que nous devons avoir pour Lui, la Charité envers le prochain, etc., puis il passe à la *Correction fraternelle*, au sujet de laquelle il se pose ces deux questions :

Comment faut-il la recevoir ? Comment faut-il la faire ?

Il y répond comme il suit :

« 1º Il me faut la recevoir comme un vrai service qu'on me rendra, car, *in multis offendimus omnes : Nous manquons tous en beaucoup de choses*, dit l'Apôtre ; puis l'homme est aveugle sur ses défauts, mais les autres les voient très bien et n'osent pas nous les dire. Il faudrait même rechercher cette petite humiliation. 2º Il faut la faire charitablement « *in tempore opportuno* », choisir le moment favorable ; car « *ira viri voluntatem Dei non operatur* ». La colère n'est bonne qu'à gâter l'œuvre de Dieu. Prendre bien garde aux préventions qu'on pourra faire naître dans notre esprit contre ceux que nous voulons reprendre. Voilà, en résumé, la conduite à tenir, et à laquelle je veux m'appliquer. »

Vient ensuite une résolution d'une portée générale

s'appliquant à toute la conduite et qui est ainsi formulée :

« Principe de paix et de bonheur inaltérables. — Source de mérites continuels. » — A l'exemple de la Sainte Famille, en Égypte, souffrant des lieux, des personnes et du genre de vie, je prends la résolution suivante :

— « *Ne me plaindre jamais, ni des lieux, ni des personnes, ni du genre de vie, ni des occupations, ni des emplois, ni des peines, ni des ennuis, ni des dégoûts et contrariétés, des aridités ou désolations spirituelles.*

Domine, Deus meus, volo quidquid vis, volo quia vis, volo quomodò vis, volo quamdiù vis. Amen : — Seigneur, mon Dieu, je veux tout ce que vous voulez; je le veux parce que vous le voulez; je le veux comme vous le voulez; je le veux pour autant de temps que vous le voulez. Ainsi-soit-il !

Le fervent novice arrive enfin au magnifique couronnement de toutes ces notes pieuses : c'est une page pleine d'intérêt et d'édification sur la dévotion à la St⁰ Vierge, sur la manière de l'honorer et de la faire honorer.

Cette, note qu'on pourrait justement appeler « le Mémorial de la dévotion du P. Goulouand envers la St⁰ Vierge », est une sorte de catalogue dans lequel sont détaillées les pratiques prévues par les Constitutions de la Société, ou inspirées au zélé serviteur de Marie par son propre amour de la divine Mère. Il range les unes et les autres en deux catégories dont il formule, comme il suit, le but et le contenu : 1º Moyens ordinaires de servir la St⁰ Vierge. 2º Différentes manières de faire honorer la St⁰ Vierge par le prochain. Puis entrant dans l'énumération de ces voies et moyens, il indique tout d'abord ce qu'il se propose de faire pour servir et honorer Marie, chaque jour, chaque semaine, chaque mois, chaque année :

1° *Tous les jours*: Dans une liste qui ne comprend pas moins de douze articles, il cite les prières et exercices prévus par la Règle, et y ajoute la résolution d'une ferveur spéciale en prononçant à la Sainte Messe ces paroles du canon : intercedente B. Mariâ. »

2° *Chaque semaine*. — « Le jeûne du samedi ; souvent l'office et la messe de la Ste-Vierge ; la méditation sur les vertus, privilèges et grandeurs de Marie, une fois tous les huit jours et de préférence le samedi ».

3° *Chaque mois*. — « Récollection spirituelle pour revoir sa conscience et se préparer à la mort. '' Sub tutelâ et patrocinio B. M. V.''; célébration fervente des fêtes de la Ste-Vierge qui auront lieu dans le cours du mois ».

4° *Chaque année*. — « Rénovation des vœux et liens sacrés qui m'attachent à ma Mère, à la Purification et à l'Assomption. Le jour de cette dernière fête, une heure d'adoration du Très Saint-Sacrement, pour remercier Marie des grâces qu'Elle m'obtient chaque année de son divin Fils. — Le mois de Mai sanctifié par la prière et la méditation des vertus et bienfaits de Marie ; le mois d'août consacré à son Cœur-très-Pur. — Consécration solennelle à la Ste-Vierge, à la fin de la retraite annuelle. — Visite aux autels et aux sanctuaires de Notre-Dame partout où j'en aurai l'occasion ».

« En tout temps, je saluerai les statues et les images de la Bienheureuse Vierge Marie par ces mots : «*Salve Regina, sine labe concepta* ». — En entrant dans ma chambre, je dirai : « *Nos cum prole piâ benedicat Virgo Maria ; dignare me laudare te Virgo Maria* ». — Etudier, aimer et servir Jésus *comme fils de Marie* ; joie pour moi d'être aussi son fils, *mariste dans ce temps et dans l'éternité*. — Enfin, estimer et chérir toutes les autres dévotions et pratiques en l'honneur de Marie, comme scapulaires, congrégations, archiconfréries, etc., en faire quelquefois l'objet de mes méditations ».

Après s'être ainsi prescrit à lui-même les moyens jugés les meilleurs pour entretenir et pour accroître sa dévotion personnelle pour la divine Mère, le P. Goulouand n'oublie pas son rôle et sa sainte ambition d'Apôtre, et sous ce second titre : Manières de faire honorer la Ste-Vierge, il fait l'énumération suivante:

« 1º Par ma bonne conduite ; 2º par l'explication des mystères du Rosaire ; 3º par des Instructions dans les retraites et missions ; 4º en ornant de mon mieux les autels, chapelles et statues de Marie ; en distribuant abondamment ses médailles, chapelets, images, etc... ; 5º en invitant les fidèles à imiter cette Bonne Mère ; 6º en honorant et faisant honorer S. Joseph, *comme Epoux de Marie*, Ste Anne et S. Joachim, parce que Marie est leur Fille.

« Le R. P. Maître des novices nous a dit, et je ne l'oublierai jamais, que notre dévotion à Marie doit être sage, dans sa fin et dans son principe, et que nous devons, par conséquent, être très exacts dans ce que nous dirons, nous autres Maristes, sur les vertus et la puissance de la Très Sainte-Vierge. Autrement, on se mettrait en garde contre notre tendance à exalter outre mesure, pourrait-on croire, les privilèges de notre Mère bien-aimée. Quand on se sert de quelques paroles des Saints Pères ou de la Sainte Eglise, prononcées dans l'entraînement d'un mouvement oratoire, non sans quelque apparence d'exagération, il faut avoir soin de placer à côté quelque correctif, si cela est nécessaire, comme, par exemple : « Après Dieu, après Jésus-Christ, personne n'est aussi digne de notre amour la Très Sainte-Vierge. »

Le pieux agenda de la dévotion à Marie se termine par cette conclusion caractéristique :

Charitas Christi urget nos : Tout pour l'amour de Dieu ; *Charitas Mariæ urget nos* : Tout pour honorer Marie.

Tel est, en raccourci, le plan de campagne que le fervent novice s'était proposé de suivre toute sa vie pour arriver à établir solidement le règne de Marie dans son propre cœur d'abord, puis dans toutes les âmes qui seraient confiées plus tard à son zèle apostolique. Un rapide aperçu des multiples manifestations dans lesquelles cette dévotion à Marie brilla du plus grand éclat durant tout le cours de sa vie, va nous montrer, en effet, que le P. Goulouand fut toujours parfaitement fidèle à ce plan qu'il s'était tracé dès le noviciat.

****

SA DÉVOTION A MARIE

Tout d'abord, pendant l'année qui suivit immédiatement la profession, année que le nouveau religieux passa à la résidence de Lyon, au pied même de la colline qui sert de piédestal à la Madone si chère à la piété lyonnaise, le nom vénéré de N.-D. de Fourvières revient sans cesse dans les conversations et sous la plume du P. Goulouand ; il l'associe surtout à ses attraits, à ses désirs, à ses espérances touchant les missions d'Océanie qu'il croyait alors sur le point de lui être assignées, et vers lesquelles s'élançaient les plus ardentes aspirations de son âme généreuse.

A N.-D. de Rochefort, la tendre piété de l'aspirant-missionnaire put s'épancher tout à son aise aux pieds de cette autre Madone qu'il voyait avec bonheur si invoquée, si aimée, si honorée sous le doux vocable de N.-Dame de Grâce, par ces populations méridionales, dont la foi naïvement expansive et bruyante, souvent si originale, si pittoresque en ses manifestations extérieures, ne pouvait que plaire à son âme de vrai breton, avide, comme telle, de toutes les fermes et éclatantes affirmations de ses croyances catholiques.

Un peu plus tard, comme nous le dirons en son lieu, les hautes qualités du P. Goulouand fixèrent sur lui le choix de ses supérieurs pour la fondation du collège St-Joseph à Montluçon. Là, dans cette fondation toute nouvelle, il fit de l'amour et du service de Marie, pour lui, pour ses bien-aimés confrères et pour les enfants confiés à sa paternelle sollicitude, le fond même de l'impulsion, de la direction noble et sainte qu'il entendait imprimer à toute la maison. Il en fit aussi l'inspiration, le mobile et la règle de sa propre conduite à l'égard de tous ceux dont il avait la charge. Sans qu'il soit besoin d'aller chercher bien loin des témoignages nombreux et détaillés, un seul fait rapporté par les premiers compagnons du fondateur de Montluçon, nous éclaire suffisamment à cet égard. Avant de quitter Lyon pour se rendre au poste que lui assignait l'obéissance, il demanda la permission de faire emplette d'objets de piété pour sa nouvelle famille encore inconnue.

Ne se réservant alors que l'argent strictement nécessaire à son voyage, il fit une ample provision de médailles, chapelets, images de la Ste-Vierge qu'il bénit et distribua dès les premiers jours aux élèves et à tout le personnel de la maison, comme pour bien faire comprendre à tous, dès l'abord, que la vraie supérieure de l'établissement serait Celle dont il s'estimait simplement l'humble fils et l'indigne représentant.

Mais nous voici arrivés à cette période de la vie apostolique du P. Goulouand où vont prendre pleinement leur essor et son amour pour Marie et son zèle pour son service et sa gloire, et ses saintes industries pour la faire honorer de toutes les âmes qui viendront se placer sous sa direction ou vivre sous la salutaire influence de ses exhortations et de ses exemples. Dès lors, plus de bornes, plus de mesure, plus de cesse ni de repos à ce désir ardent d'aimer et de faire aimer la divine Reine du ciel et de la terre.

A Chartres, à Paris, soit au saint tribunal, soit dans la chaire, en sa correspondance comme en ses conversations, partout, toujours, en toute occasion, se traduira sous mille formes diverses cette tendance, cette préoccupation, nous dirions volontiers, ce feu ardent dont il est tout embrasé. Aussi c'est bien à cette période de la vie du P. Goulouand que se réfère l'appréciation suivante formulée par une personne qui l'avait beaucoup connu et aimé : « Il me semble qu'on pourrait résumer toute son existence en trois choses : Amour et dévouement sans bornes pour les âmes que Dieu lui avait confiées ; *piété filiale envers la Très Sainte Vierge* ; patience héroïque à supporter ses longues souffrances. »

Une autre qui fut longtemps sous sa direction, et lui attribuait tout le mérite de sa persévérance dans la vertu, exaltait, à ce sujet, les moyens que le sage directeur mettait en usage pour fortifier ses pas chancelants. Or, elle énumérait en première ligne *sa dévotion à la Sainte Vierge.* On eût dit que le P. Goulouand avait cette idée fixe que ceux qui venaient à lui, envoyés par la Providence, devaient, par son ministère, puisqu'il était mariste, être ramenés à Dieu par les mains de Marie ; il pensait, à bon droit, que pour demeurer conforme aux harmonies providentielles, précisément en cette qualité de *directeur mariste,* il devait imprimer sur les âmes de ses dirigés, le sceau, la marque toute spéciale d'amant, de serviteur, de fils privilégié de Marie.

Dès son enfance, celui que sa mère de la terre avait donné et consacré à la Reine du ciel, s'était entretenu en cette dévotion par la lecture des ouvrages les plus capables de la développer en lui donnant les bases les plus solides, les fondements les plus autorisés. Le livre du bienheureux Grignion de Montfort : « *Traité de la vraie dévotion à la Ste-Vierge* » lui était particulièrement cher, et il aimait souvent à y revenir. Il s'appliquait à lui-même ces paroles :

« Si la dévotion à Marie est nécessaire à tous les hommes pour faire simplement leur salut, elle l'est encore plus à ceux qui sont appelés à une perfection particulière, et je ne crois pas que personne puisse acquérir une union intime avec N.-Seigneur et une parfaite fidélité au Saint-Esprit sans une très grande union avec la Très-Sainte-Vierge et une grande dépendance de son secours. »

Aux âmes qu'il dirigeait, le fervent mariste répétait souvent ces paroles du même auteur pour les exciter à une grande confiance envers la Reine des chrétiens :

« Là où est Marie, l'esprit malin n'est point, et l'une des plus infaillibles marques qu'on est conduit par le bon esprit, c'est quand on est bien dévot à cette bonne Mère, qu'on pense souvent à Elle et qu'on en parle souvent. C'est la pensée d'un saint qui ajoute que, comme la respiration est une marque certaine que le corps n'est pas mort, la fréquente pensée, l'invocation amoureuse de Marie est une marque certaine que l'âme n'est pas séparée de Dieu par le péché. »

Les témoignages des personnnes qui l'ont connu et approché, comme les extraits de sa correspondance nous le montrent, surtout dans l'âge de sa pleine maturité, comme tout pénétré de la doctrine contenue dans le Traité de la *Vraie dévotion à la Ste-Vierge*, doctrine dont la quintessence, on peut le dire, est exprimée par ce que le bienheureux auteur désigne sous le nom de *saint esclavage de Marie*. C'est ce saint esclavage, c'est-à-dire cet abandon total, cette consécration sans réserve à la Ste-Vierge, que le fervent mariste s'attache à faire connaître, aimer, embrasser de tout son pouvoir ; voilà ce qu'il recommande, ce qu'il inculque, ce qu'il prêche, en toute occasion favorable et sous toutes les formes, et, pour employer une parole de l'Apôtre,« à temps, à contre-temps, en toute patience et doctrine ».

« Ma chère enfant, écrivait-il à une de ses pénitentes, je veux vous aider à vous remettre et plus généreusement que jamais au Saint Esclavage de notre bonne Mère, par lequel toutes les grâces vous viendront, sans aucun doute ! Vous en avez déjà tant reçu, chère enfant, que vous seriez par trop ingrate, si vous alliez vous négliger et vous relâcher au service de la meilleure et de la plus généreuse des mères. Mais vous ne voulez pas être ingrate. Donc, à l'œuvre et de tout cœur et de toute âme et de toute énergie ! Marie sera avec vous, chère enfant, ce que vous serez avec Elle, prodigue de ses grâces, si vous êtes généreuse dans vos efforts ».

« Et le Saint Esclavage, » écrivait-il encore à la même, dans une autre circonstance, « y pensons-nous toujours ? Agissons-nous comme le désire notre bonne et aimable Maîtresse ?... »

Le 9 septembre 1880, il écrit pour faire part de la joie qu'il éprouve au sujet du nouvel office propre récemment concédé à la Société pour la fête du Saint Nom de Marie....

« C'est aujourd'hui, dit-il, notre *Fête Patronale*, et je viens me réjouir avec vous et vous associer à la joie que le Souverain Pontife nous a procurée à tous, en nous permettant de choisir cette fête du Saint Nom de Marie pour fête patronale de notre Société, avec Octave, et office propre.... »

Puis la lettre continue et se termine par les conseils suivants :

« N'oubliez pas, je vous prie, chère enfant, de vous unir à Marie, dans tout ce que vous faites et surtout dans vos exercices de piété. *Allez à Dieu par Marie.* Consacrez bien vos chers enfants à cette bonne Mère, en la priant de faire pour eux ce que ne peut faire leur mère de la terre. Soyez vraiment Mariste, non seulement de nom (1), mais surtout d'action, en vous efforçant de marcher sur les traces de votre bonne Mère du ciel. Et qu'Elle bénisse mon enfant avec toute sa chère petite famille, comme je les bénis moi-même de tout mon cœur de père bien sincèrement et bien tendrement dévoué ».

Pendant l'été de l'année 1882, le cher P. Goulouand, atteint depuis plusieurs années déjà de la cruelle maladie qui devait le conduire au tombeau, fut envoyé par ses supérieurs, sur l'avis des médecins, à la station thermale de Barèges.

Ce voyage accompli par obéissance, mais sans grand enthousiasme au point de vue des espérances de guérison par les moyens humains, plut, au contraire, beaucoup au fervent religieux mariste, en ce qu'il lui permit de visiter, en passant, le célèbre pèlerinage de N.-D. de Lourdes. Ses lettres témoignent du bonheur qu'il éprouva dans cette circonstance en donnant un libre cours à toute la ferveur de sa filiale dévotion pour la Vierge Immaculée. A la date du 20 juin, il raconte à une de ses correspondantes les phases diverses de son pèlerinage et comment il a " consciencieusement " demandé à Marie sa guérison corporelle " sous son bon plaisir, ajoute-t-il, et celui de son

---

(1) Cette personne fait partie du Tiers-Ordre de la Société.

divin Fils, bien entendu ''. Il énumère en détail ses fréquentes visites à la grotte, ses prières prolongées, son immersion dans la piscine, à plusieurs reprises, les joies et les consolations qu'il a goûtées durant tout son séjour en ce lieu béni, puis il ajoute : «... Je n'ai pas été guéri, mais je n'en veux pas à notre bonne Mère ! J'espère qu'Elle aura fait pour mon âme ce qu'Elle n'a pas voulu faire pour mon corps : c'est, du reste, ce que je lui avais demandé. »

Arrivé à Barèges, le cher malade va, comme les pauvres, prendre son logement à l'hospice Ste-Eugénie, et il éprouve, en entrant, l'agréable surprise de le voir dirigé par des religieuses dont le Fondateur est, par excellence, l'homme de son cœur mariste, le bienheureux et grand serviteur de Marie dont nous avons parlé ci-dessus. Aussi, il est, on le voit, tout heureux de cette circonstance en laquelle il avait une attention providentielle et il en parle dans toutes ses lettres datées de cette station.

« Nous ne sommes, en ce moment, que trois pensionnaires à l'hospice Ste-Eugénie, et tous religieux : jugez de mon bonheur ! Nous avons une chapelle dans la maison, et je n'ai qu'à ouvrir la porte de ma chambre pour apercevoir l'autel et la petite lampe. Autre bonheur ! Les sœurs de la Sagesse, du P. Grignion de Montfort, desservent cet hôpital et sont pleines de prévenances pour nous. »

Quinze jours plus tard, le 6 juillet 1882, le pensionnaire de ces bonnes sœurs qu'il aime surtout à cause de leur glorieux Père, écrit encore :.....

« Ma petite retraite marche son train, et je la fais principalement (du reste comme l'an dernier) *par la dévotion à la Ste-Vierge.* Ce sont les Filles de la Sagesse (du P. Grignion de Montfort) qui dirigent l'hospice et je leur ai demandé tous leurs livres touchant cette dévotion, et elles m'ont tout donné. *Je médite cela, je m'en nourris*, et j'espère que notre Bonne Mère qui n'a pas voulu guérir mon corps à Lourdes, va guérir mon âme à Barèges. J'aime mieux cette cure-là. Priez pour qu'elle soit bien complète et surtout durable. »

Par ces quelques extraits, il est facile de voir et de suivre pour ainsi dire, à la trace, les progrès incessants que faisait dans l'âme du P. Goulouand la dévotion à Marie prise comme moyen universel de sanctification, et l'on se trouve déjà préparé à la conclusion ci-contre d'une longue lettre écrite cinq ou six années plus tard et roulant tout entière sur cette même dévotion que le Père s'efforce d'inculquer à une de ses pénitentes :

« Pour moi, dit-il en terminant, *je me plonge de plus en plus et cherche à me perdre* dans cette vraie dévotion à Marie, que *j'aime chaque jour davantage*, reconnaissant tout ce que je lui dois. »

Terminons toutes ces citations épistolaires sur la dévotion envers la Ste-Vierge par de larges emprunts à une lettre adressée collectivement à toute une petite communauté d'orphelines. L'en-tête porte d'abord ce qui suit :

« Tout pour Marie, par Marie, en Marie et avec Marie. »

Le zélé directeur entrant alors immédiatement dans l'objet de sa lettre, passe successivement en revue les meilleurs moyens de consacrer toute l'année courante au culte et à l'amour de Marie suivant la méthode indiquée :

« Mes chères enfants », dit-il, « profitons bien de tous les motifs que la Foi nous offre pour nous encourager à mieux faire, principalement pendant cette *Année de Marie* qui ne reviendra plus pour nous. Voici d'abord le saint temps du Carême. Quel meilleur moyen de le rendre *Saint* pour nous, que de nous appliquer à mieux *imiter* Marie notre bonne Mère et Maîtresse? Représentons-nous-la souvent pendant les six semaines qui précédèrent la Passion de son divin Fils. A quoi pensait-elle pendant ces tristes jours, sinon aux souffrances, aux ignominies, aux outrages, à tous les tourments que devait endurer son aimable Fils? Pensait-elle à ses aises, à ses commodités? Cherchait-elle à se satisfaire? Oh! non! Tout entière à la pensée des souffrances, des opprobres de son divin Fils, Elle s'oubliait Elle-même. Elle redoublait d'amour, de dévouement. A l'exemple de notre bonne Mère et Maîtresse, redoublons d'efforts et de générosité dans le service de Dieu. Appliquons-nous à faire plus exactement et surtout plus soigneusement nos exercices de piété, etc., etc. »

« . . . . Mais revenons à *Notre Année de Marie*. Voici le mois de Saint Joseph qui va commencer dans quelques jours. Saint Joseph est l'époux de Marie Immaculée ! Nous le prierons de nous obtenir la grâce de vivre comme lui *avec Marie*. Marchant sur ses traces et faisant tout pour lui plaire.... Puis, le 25 mars arrive la fête principale de l'Esclavage de Marie : l'Annonciation ! Nous nous préparerons avec un soin tout particulier à cette fête. nous y renouvellerons notre Consécration à Marie et prendrons, de nouveau, la résolution de *tout faire pour Marie, par Marie, en Marie et avec Marie*. Nous examinerons si nous avons vécu pour cette bonne Mère et prendrons la résolution de mieux faire à l'avenir !

Pardonnez-moi, chères enfants. de vous écrire si froidement alors que je voudrais le faire avec un cœur tout brûlant d'amour pour Marie ! J'avoue que je ne sens guère cet amour d'une manière sensible ; mais il me semble cependant que *j'aime cette bonne Mère et Maîtresse plus que je ne l'ai jamais aimée*. C'est plutôt chez moi conviction que sentiment QU'ON PEUT TOUT PAR MARIE, et qu'il est IMPOSSIBLE qu'on se perde en FAISANT ce qu'on peut pour honorer cette bonne Mère ! Plus que jamais je suis heureux d'avoir fait ma CONSÉCRATION à Marie. Je la renouvelle tous les jours avec une volonté toujours nouvelle de vivre pour Elle ! Je ne sais comment j'ai pu arriver jusqu'ici, depuis le 8 décembre, à dire tous les jours le Rosaire, à faire, tous les jours, deux méditations d'une heure chacune, sur Marie, à faire tous les jours le Chemin de la Croix, en union avec Marie, à dire, au moins quatre ou cinq fois le *Magnificat*, l'*Ave Maris stella*, et bien d'autres petites invocations à Marie. Il est vrai que je tâche de tenir à ma résolution *principale*, à savoir : de ne pas m'arrêter volontairement à une pensée inutile, et à ne pas perdre volontairement une minute en chose inutile. Oh ! que Marie est bonne ! Qu'Elle vous bénisse toutes, chères enfants ! »

Ces lignes, les dernières surtout, ne jettent-elles pas un jour éclatant sur la haute perfection à laquelle était déjà parvenue cette âme, grâce à sa tendre dévotion pour Marie ! N'y trouve-t-on pas, une fois de plus, la constatation de ce fait si fréquent dans les fastes hagiographiques, que la divine Mère est bien la dispensatrice de tous les dons célestes et la suréminente formatrice des saints ! Le P. Goulouand le savait par une douce expérience personnelle ; aussi son amour toujours croissant pour la Ste Vierge, le portait à rechercher avidement tout ce qui pouvait lui fournir un moyen nouveau de l'honorer et de la servir. C'est ainsi, par exemple qu'il faisait ses délices du livre admirable de la sœur Marie d'Agréda : *La Cité mystique* ou *Vie divine de la Sainte Vierge*. Dès qu'il eut connaissance de cet ouvrage, il s'appliqua à le lire assidûment ; il en parlait souvent à ses pénitents et avait coutume de l'appeler « la nourriture de son âme. »

En l'honneur de Marie encore, le P. Goulouand aimait à multiplier les aspirations et oraisons jaculatoires qu'il rangeait pour ainsi dire par catégories et en ordre, le long du jour, heure par heure même, comme nous venons de l'entendre le raconter lui-même, il y joignait des prières vocales plus longues, et de préférence celles qui sont tirées de l'Ecriture ou consacrées par la sainte liturgie. Détail curieux et qui montre bien, avec le zèle désireux de bien employer tout son temps pour la gloire de Dieu, le besoin d'action, la soif d'opération qui dévore l'amour bien enflammé dans une âme: il s'en était prescrites pour occuper toutes ses allées et venues dans la maison ! il en avait de déterminées pour réciter en *montant les escaliers*, d'autres *en les descendant ! !*

Mais il y a plus. Non seulement l'amour est actif de sa nature, non seulement il réclame pour lui le travail et la peine : à mesure qu'il progresse, il aspire de plus en plus au sacrifice, à la souffrance, et, parvenu à son plus haut degré, il veut que cette souffrance soit vive, et ce sacrifice sanglant. Ce dernier trait ne manque pas plus que les autres à la gloire du P. Goulouand et à l'ardeur brûlante de son amour pour la Ste Vierge ; car, outre la consécration *signée de son sang,* trouvée dans ses papiers et qui traduit mieux que tout ce que l'on pourrait dire de la vivacité de cet amour, on sait encore qu'un jour il alla jusqu'à graver sur sa poitrine avec une pointe de fer, peut-être rougie au feu, ces mots qui résumaient tout pour lui : ESCLAVE DE MARIE.

C'était bien là, pour le fervent mariste, la façon la plus énergique de se prouver à lui-même la sincérité de son amour pour Marie. Dès lors, quels ne devaient pas être, dans sa bouche, l'accent de conviction, l'éloquence irrésistible avec lesquels il conseillait aux âmes ferventes de faire le vœu du *Saint esclavage*? Aussi, quand on lui disait que cet engagement avait été pris conformément à ses désirs : « Je veux bien croire, répondait-il, que vous avez fait cette promesse, mais tout cela n'est qu'une préparation à un acte plus profond et plus intime qui vous liera plus étroitement à Marie ; le voici : c'est d'accomplir chacune de vos actions comme sous les ordres de votre divine Maitrese et avec toute la *servilité*, si je puis ainsi parler, d'un esclave sur qui l'on a droit de vie et de mort. »

C'est bien dans le même sens, et pour recommander la même donation sans réserve à Marie, qu'il écrivait à une personne, à la date du 30 novembre 1887 :

... « Oui, préparons-nous à célébrer de notre mieux, cette belle Fête de l'Immaculée Conception de Marie notre Mère et Maîtresse, et à lui renouveler notre consécration, *dans toute l'énergie de ce mot*, ne nous réservant plus rien de nous-mêmes pour donner tout à Dieu par Marie. Croyez bien que la vraie dévotion est pour beaucoup dans cet heureux dépouillement de toutes choses humaines. Marie donne à ses privilégiés ce qu'Elle a de plus précieux, c'est-à-dire les Croix et les épreuves ! Mais comme Elle aide à les sanctifier et finit par nous y faire trouver le vrai bonheur de la terre, en attendant celui plus grand encore du Ciel ! »

Telle était donc, à la fin de sa vie surtout, la dévotion du P. Goulouand pour la Vierge Marie ; combien elle fut, cette dévotion, grande, profonde et généreuse, cela ressort clairement de ce qui vient d'être rappelé. Un caractère qui lui est plus particulièrement propre encore, c'est celui d'un progrès constant et ininterrompu durant toute la vie du serviteur de Dieu, qui fut en même temps un si grand serviteur de Marie. Le présent chapitre parcourant, dans ses phases diverses, ce qu'on pourrait appeler la Carrière *Mariale* du P. Goulouand, si l'on veut bien nous passer cette expression, nous a fait voir, en effet, la naissance, les accroissements successifs, les manifestations de plus en plus caractérisées, enfin le développement complet, la perfection et les magnificences de cet amour de Marie. Déposé dans l'àme innocente du petit enfant par la piété de sa mère de la terre, couché, pour ainsi dire, avec lui dans le berceau, il grandit et se fortifia peu à peu, durant tout le cours de cette vie sainte jusqu'à ce qu'il devint enfin pour lui et pour toutes les àmes qui vinrent s'abreuver à ses eaux bienfaisantes, le point de départ et le plus efficace moyen d'une haute perfection. — Aussi le lecteur nous pardonnera de nous être si longuement étendu sur ce côté vraiment typique de la physionomie spirituelle du P. Goulouand, parce que, outre qu'il démontre en lui le modèle du vrai et parfait mariste, cet amour de Marie fut encore en lui, comme nous allons le voir, le moteur et la forme de toutes ses autres vertus, particulièrement de ses vertus religieuses.

SON AMOUR POUR LA SOCIÉTÉ DE MARIE

SES VERTUS RELIGIEUSES.

La première de ces vertus qui se présente ici à notre examen c'est celle qui est comme l'indispensable corollaire de la dévotion à la Ste Vierge : l'amour de la Société religieuse honorée de son nom béni et placée sous son spécial patronage, et à laquelle il était lui-même si heureux d'appartenir. Que dire de cette affection profonde dont le P. Goulouand fut toujours pénétré pour tous ses frères en religion, sa chère famille mariste? Dans les maisons où il séjourna, à Paris notamment, par suite de la confiance universelle qui allait spontanément à lui, il était devenu le confesseur de tous. — « Quand il nous parlait, écrit l'un d'eux, on sentait bien qu'il nous aimait avant tout, pour nous porter à Dieu et faire du bien à nos âmes. Dans ses admonestations après l'aveu des fautes, loin de s'exprimer de cette façon banale qui peut convenir à tout le monde, sans rien dire de particulier à personne, il savait si bien approprier ses avis à chacun de nous qu'on aurait dit qu'il préparait à l'avance les choses pratiques qu'il devait formuler, en nous rappelant toujours la nécessité où nous sommes de travailler à la perfection que réclame notre titre de religieux, de soutenir l'honneur et la dignité du sacerdoce qui nous unit si intimement à Jésus-Christ descendant chaque matin sur l'autel, pour obéir à un simple acte de notre volonté. A l'appui de ces exhortations, il citait des textes et des passages d'auteurs sacrés qu'il savait par cœur, et dont on voyait bien qu'il se nourrissait tous les jours. »

Quant à l'amour du P. Goulouand pour sa famille religieuse prise dans son ensemble, c'était celui d'un fils pour sa mère. Il n'avait d'autres joies et d'autres peines que celles de ses supérieurs. Sa conversation aimait à revenir sur ce sujet comme sur tout ce qui intéressait la gloire de Dieu et l'honneur de la Sainte-Vierge. Sa voix s'animait dans les récits comme dans les discussions sur des thèses controversées ; mais il savait s'arrêter aussitôt dès qu'il voyait la question sur le point de s'envenimer le moins du monde. Au lieu de discuter sur des points de doctrine ou de conduite ou bien de raconter les évènements heureux ou fàcheux pour la Société, s'agissait-il de conseiller, de consoler, de guider un confrère dans l'embarras ou dans la peine, le P. Goulouand se montrait admirable de précision et d'habileté persuasive. L'un d'eux, investi d'une charge assez élevée, déclarait que pour son compte, dans tous ses moments de trouble, d'ennui, d'accablement même, conséquences inévitables des difficultés de son emploi, il avait toujours trouvé auprès du cher P. Goulouand, bon conseil, réconfort, rénovation de courage, de générosité et de force d'àme.

Les exemples de ce genre sont nombreux dans la vie du P. Goulouand ; mais comme les étroites limites de cette biographie ne nous permettent pas de nous étendre davantage sur ce point, nous allons, pour terminer ce chapitre, dire un mot des autres vertus religieuses du cher Père.

***

Et d'abord, sa fidélité à la Règle. Il était de ceux qui font de la régularité la note dominante de tout bon religieux : aussi la recommandait-il vivement à tous, surtout à ses confrères, et il était le premier à en donner l'exemple sans chercher dans le triste état de sa santé, à la fin de sa vie, aucun motif de ces dispenses que les tièdes sont portés à s'accorder si facilement, pour la moindre raison. Sans tenir compte de son

infirmité, de l'obligation où il était d'appuyer sur des
béquilles ou des bâtons sa marche lente et pénible, il
se faisait un devoir de conscience d'assister à tous les
exercices, à moins d'en être empêché par une impossibilité physique absolue. Entre 4 h. 1/2 et 5 heures, tous
les matins, et cela presque jusqu'aux derniers jours de
sa vie, on était sûr de le trouver, rendu des premiers à
la chapelle, debout entre les colonnes du chœur quand
il ne pouvait plus se mettre à genoux. Il avait à monter et à descendre plusieurs marches d'escalier, mais
rien n'était capable de l'arrêter, et, tant que ses forces
le lui permirent, il ne manqua jamais d'assister à ce
premier exercice de la communauté, la prière du matin, suivie de l'oraison.

Ce que nous disons de la méditation, il faut le dire
également de l'examen particulier qui a lieu avant
midi ; il voulut toujours aussi le faire avec la communauté réunie à la chapelle, bien qu'il n'eût pas à se
rendre ensuite au réfectoire avec ses confrères ; car,
dans les dernières années du moins, il ne prenait plus
de repas avec eux, soumis qu'il était au régime lacté.

Le P. Goulouand en usait ainsi l'hiver comme l'été,
et comme on sait, par ailleurs, combien son tempérament était devenu sensible au froid, nouvelle source
pour lui, de vives souffrances, on comprendra sans
peine que cette fidélité constante a dû bien souvent
contrarier la nature, et que le saint religieux a porté,
sur ce point, l'observation de la Règle bien au-delà
des limites obligatoires. Mais il savait trop de quelle
influence est le bon exemple, et combien il est avan-
tageux à une communauté que certains de ses membres en fassent plus qu'ils ne doivent afin de prévenir

ou, du moins, de ne pas paraître autoriser le relâchement chez les autres. Une régularité toujours si exemplaire est bien de nature à faire comprendre cette
exclamation de l'un de ses confrères et amis qui en
avait été l'heureux témoin et l'admirateur durant de
longues années : « Pour le P. Goulouand, en tant que
religieux, disait-il, il n'y avait pour ainsi dire qu'un
mot : « la règle ! la règle ! la règle !! »

**

Sa piété n'était pas moins remarquable. Elle nous
apparaît vive, tendre, nourrie par des exercices qu'on
peut dire avoir été continuels et par le souvenir constant de la présence de Dieu. « Tous les jours, dit un
bon frère coadjuteur, il faisait *plusieurs heures* d'adoration à la chapelle ; tous les jours aussi, plusieurs
chemins de croix, et il était aussi, tous les jours, le
premier dans le lieu saint, auprès du tabernacle. » Et
pendant les derniers mois de sa vie, comme il se plaignait de ne pouvoir plus tenir son âme unie à Dieu,
aussi bien qu'autrefois ! Quand on allait le voir, on le
trouvait assis sur sa chaise longue, reposant tantôt sur
une main, tantôt sur l'autre, sa tête tourmentée par de
violentes névralgies, et au lieu de gémir et de se plaindre, cherchant à répéter les *Ave Maria* de son Rosaire
qu'il ne pouvait plus réciter que machinalement, dans
ces moments surtout de vives et lancinantes douleurs.
Malgré ces efforts de sa bonne volonté, il se reprochait
vivement de ne plus prier comme jadis. — « Je ne puis
plus rien, disait-il, ma pauvre tête est bien fatiguée.

Je crains cependant de trop m'écouter, et je ne fais point ce que j'ai toujours tant recommandé aux autres.»

Pour mieux s'entretenir de pensées saintes, il avait soin de tenir toujours son fauteuil en face de son prie Dieu où il entendait les confessions de ses confrères, où il méditait jadis, tous les matins, lorsqu'il pouvait encore se tenir à genoux. Sur ce prie-Dieu étaient disposées en ordre, autour d'un crucifix, des statuettes représentant la Sainte-Vierge, St-Joseph, le B. Chanel, le B. Grignion de Montfort que nous l'avons vu honorer toujours d'un culte particulier pour un double motif : à cause de sa dévotion à Marie, et à titre de compatriote. Toutes ces statues étaient entourées de fleurs que le Père entretenait et renouvelait avec soin, comme il l'aurait fait pour un autel. A l'époque de Noël, il y ajoutait un petit Enfant-Jésus au berceau. Là, seulement, il se trouvait heureux, *conversant* familièrement, suivant l'expression des saints Livres, avec tous les hôtes célestes de ce petit oratoire intime.

Le fervent ministre de Jésus-Christ continua à célébrer le saint sacrifice de la Messe aussi longtemps que cela lui fut possible. Vers les derniers temps, ne pouvant le faire tous les jours, parce que la fatigue causée à son pauvre corps par l'auguste cérémonie l'obligeait ensuite à un repos absolu de deux ou trois jours, il se contenta de célébrer deux ou trois fois par semaine, puis seulement le dimanche, et enfin, force lui fut d'y renoncer tout à fait. Avant d'en être réduit à cette extrémité si cruelle pour son âme éminemment sacerdotale, lorsqu'il pouvait encore offrir la divine Victime deux ou trois fois la semaine, il serait difficile de dire au prix de quels efforts et de quelles fatigues il lui fallait acheter ce bonheur ; on le vit quelquefois se tenir des deux mains et s'appuyer de tout son corps à la table de l'autel pour ne pas tomber à la renverse par suite de la faiblesse de ses jambes défaillantes. Et quand la Messe était enfin terminée, avant même de quitter les ornements sacerdotaux, il s'asseyait immédiatement, épuisé et n'en pouvant plus de fatigue.

Lorsqu'il fallut en venir à une cessation complète, la conduite du P. Goulouand et les sentiments manifestés par lui à l'égard de la divine Eucharistie qu'on lui administrait assez fréquemment, éclairèrent d'un nouveau jour la ferveur et en même temps la timide délicatesse de sa piété filiale pour le divin Maître. Dans les dernières semaines de sa maladie, en effet, on lui portait la sainte Communion deux fois, et à la fin trois fois tous les huit jours. On l'aurait volontiers accordée tous les jours aux saintes dispositions de son âme ; mais d'autre part, il fallut céder, quoique à regret, aux scrupules de sa conscience qui lui faisaient croire sa préparation insuffisante pour une réception quotidienne, vu son état de santé. Il se disait incapable de concentrer sa pensée et de communier avec les sentiments de foi et de piété auxquels il s'était habitué. Quand il fut décidé que la Communion lui serait portée trois fois par semaine, son confesseur eut même besoin de faire un peu usage de son autorité pour l'amener à y consentir, tant il craignait d'être dans des dispositions défectueuses !

« Je puis si peu me préparer, disait-il, que je ne conçois pas comment je peux recevoir le bon Dieu dans cet état ! »

* *

On trouvait pourtant chez le P. Goulouand, à un degré peu commun, cette préparation générale et ces excellentes dispositions habituelles résultant de l'ensemble des vertus qui font le parfait chrétien, le prêtre et le religieux exemplaires, entre autres cette mortification sans laquelle, disent les auteurs spirituels, il n'y a point de véritable sainteté. Le P. Goulouand était bien, pour son compte, absolument de cet avis et il le répétait souvent dans les conseils qu'il donnait aux autres.

Une de ses grandes peines, comme on pouvait le voir dans la manière dont il en parlait, c'était de constater la mollesse de la plupart des chrétiens, et leur manque d'énergie à réprimer les entraînements des sens :

« On ne sait pas se faire violence, on ne vit que pour les sens et le plaisir, s'écriait-il. A nous, confesseurs, on répond toujours : « Je ne puis pas », et cependant lorsqu'il est question de veiller, de passer la nuit dans les bals, les festins, les fêtes de tout genre, on n'a pas même la pensée de la fatigue qu'on pourra y trouver. Pour le bon Dieu seul on ne veut pas se gêner : un jeûne prescrit par l'Eglise, une simple abstinence nous effraie ; la moindre indisposition suffit pour qu'on aille jusqu'à se dispenser de la messe du dimanche. »

Quant à lui, il se gardait bien de suivre les mêmes pentes de la nature corrompue. On peut dire, et nous le constatons un peu partout, au cours de cette notice, qu'il a souffert, toute sa vie, des douleurs très violentes, et les maux de tête notamment devinrent presque intolérables, dans les derniers temps de sa vie. Après avoir passé plusieurs années à l'hôpital ou dans sa cellule, réduit à une immobilité, du moins à une impossibilité de marcher presque complète, dès qu'il put tant bien que mal faire quelques pas, puis circuler péniblement dans l'intérieur de la maison à l'aide de ses béquilles, on le vit se rendre assidûment à son confessionnal où il restait des journées entières. Et lorsque les progrès de sa maladie l'obligèrent à entreprendre, d'ordre des médecins, divers voyages pour cure thermale ou saisons d'hiver par exemple, on surprend dans sa correspondance l'impatience où il était de rentrer le plus tôt possible à sa résidence et le soin qu'il prend de faire avertir ses chères ouailles du jour où il espère pouvoir se remettre à son confessionnal pour continuer à leur prodiguer les bienfaits de son zèle et de son dévouement. Mais ce qui doit rendre cette préoccupation plus touchante, en lui donnant un caractère plus héroïque, c'est de penser qu'à cette époque de sa vie le confessionnal apportait au généreux directeur des âmes, si mort à lui-même et à la recherche de ses aises, un surcroît de souffrances nouvelles, parfois très pénibles. Son pauvre corps de plus en plus anémié était devenu très sensible au froid surtout aux jambes et aux pieds, siège de son mal, et c'est à peine s'il parvenait à s'en préserver un peu, à grand renfort de chaufferettes et de bouillottes.

Néanmoins, le bon Père ne songea jamais à renoncer, pour ce motif ou autres de ce genre, au ministère de la confession. Si un jour, trois ou quatre ans avant sa mort, il consulta sur ce point un de ses confrères, c'était uniquement parce qu'il craignait d'être parfois trop distrait par ses souffrances, de l'attention que requiert la bonne administration du Sacrement de Pénitence. Mais sur la réponse négative qui lui fut donnée par un religieux trop au courant du bien immense opéré par l'habile confesseur pour ne pas voir là une spéciale grâce d'état, le P. Goulouand continua généreusement jusqu'au bout son laborieux et fécond ministère. Il ne s'arrêta que cinq ou six mois avant sa mort, lorsqu'il fut absolument condamné à garder la chambre.

L'abnégation du serviteur de Dieu s'étendait, est-il besoin de le dire, à tous les autres points sur lesquels peut porter la mortification chrétienne. Là dessus concordent parfaitement encore tous les témoignages communiqués oralement ou par écrit. Outre la gaieté constante dans la souffrance, dont il est fait mention ailleurs et qui dénote une bien grande possession de soi-même, le P. Goulouand donnait, en toute occasion, des marques non équivoques d'un entier renoncement. C'est ainsi, dit une relation, qu'il allait ordinairement les yeux baissés, sans se permettre de rien regarder, par curiosité, dans les rues. — Il pleurait devant Dieu, s'imposait des pénitences et des mortifications, dit une autre, en faveur des âmes qu'il trouvait plus ou moins rebelles à l'appel d'en Haut et aux inspirations de la grâce, plus encore pour les pécheurs endurcis et obstinés.

« Je l'ai observé souvent à table, écrit un de ses confrères, et j'ai remarqué qu'il cherchait à mortifier son appétit, surtout lorsque, au retour de la saison, il voyait des fruits nouveaux sur la table, de sorte que ce qui aurait dû l'attirer, avait au contraire pour effet de le porter à s'abstenir. »

* * *

Parlerons-nous maintenant, encore une fois, du haut degré de perfection auquel le P. Goulouand porta la pratique de l'humilité, de la pauvreté, de l'obéissance, de la chasteté ?

En ce qui concerne la pauvreté, la cellule du P. Goulouand était toujours, nous dit-on, la plus nue, la moins meublée de toute la maison ; tout objet qui lui était offert ou donné par ses pénitents, était immédiatement remis entre les mains de son Supérieur. Quant aux objets strictement nécessaires laissés à son usage, quelque vils et pauvres qu'ils fussent, s'il remarquait en lui le moindre attachement pour l'un d'eux, il demandait aussssitôt à s'en dessaisir pour le remplacer par un autre qui lui revînt moins.

Les notes laissées par le P. Goulouand contiennent d'admirables pensées et résolutions sur l'humilité, le désir et les moyens de l'acquérir et de la conserver. Des faits nombreux et concluants démontrent que ce ne fut pas là une simple manifestation de bons sentiments sans résultat, une spéculation vaine demeurée dans les domaines de la théorie pure. Nous n'en rappellerons que deux : 1° La pratique de ne jamais rien dire qui pût tourner à son avantage, le soin de ne jamais rappeler ses œuvres ni ses services. Tous ceux qui ont approché le serviteur de Dieu et vécu longtemps avec lui pourraient témoigner combien il fut constamment fidèle à cette ligne de conduite. 2° Le trait suivant, peu connu du grand nombre et que nous tenons de la bouche même de celui qui fut tout à la fois l'occasion et l'objet de cet acte d'humilité.

Durant sa résidence à Paris, dans le temps où il était encore passablement valide, quoique peu d'années avant sa mort, le bon Père avait reçu de son supérieur, comme distraction et exercice salutaire à sa santé, le soin de veiller à l'ornementation du jardin, pour la disposition des plates-bandes et massifs, le choix des fleurs, etc... Un frère coadjuteur lui avait été adjoint pour le gros ouvrage et tout travail pénible : or, il arriva qu'un jour celui-ci, soit malentendu, soit oubli, fit un certain arrangement peu conforme à la manière indiquée par notre jardinier en chef qui, un peu contrarié, se contenta cependant de dire à son second : « Vous n'auriez pas dû faire cela sans m'avertir. »

Peu de temps après, l'humble et charitable religieux venant à réfléchir sur la parole qu'il avait prononcée peut-être un peu brusquement tout au plus, croit avoir fait de la peine au bon frère, bien qu'il n'en fût rien en réalité, et aussitôt il alla, désolé et tout en larmes, lui en demander pardon !

Une telle humilité devait être nécessairement la compagne inséparable, en même temps que la source et l'appui permanent d'une parfaite obéissance religieuse, et de fait cette vertu essentielle au bon fonctionnement, à la vie et à la prospérité de toute famille religieuse, clef-de-voûte de tout l'édifice de la religion, brilla, en ce digne fils de Marie, d'un tel éclat pendant tout le cours de sa vie, qu'il est bien inutile d'en faire ici une nouvelle et spéciale mention.

Que dirons-nous enfin, de cette angélique vertu qui est d'ordinaire le fruit et la récompense de l'humilité, comme le vice opposé est aussi la punition ordinaire de l'orgueil ? Pour la conserver, la mettre pleinement en assurance, l'orner en lui d'une beauté toujours nouvelle, il n'est pas de moyens et de précautions que ne prit le P. Goulouand, empruntant à la prudence, à la vigilance chrétienne et religieuse ce qu'elles offrent, à cet égard, de plus efficace et de plus rassurant. Voici quelques-unes des notes et résolutions trouvées dans ses papiers.

1o Marcher avec modestie dans les rues des villes, les yeux assez baissés pour ne pas regarder en face, cependant point d'affectation. (Conseil du P. D., retraite 1850, il fait lui-même ainsi). Dans les conversations, regards modestes, sans fixer la personne.

2o Faire tous les huit jours, au moins, une revue des dispositions de mon cœur, au sujet des affections naturelles.

3o Pratiques de piété : Quand je réciterai le rosaire en entier, le dernier chapelet sera toujours pour obtenir la grâce de la pureté, et les deux dernières dizaines quand je réciterai seulement le chapelet.

A la même fin : Vêpres et Complies — intentions spéciales à la Ste Messe — prières du scapulaire bleu.

Autant que j'y penserai, une petite prière avant de confesser ou de remplir quelque ministère concernant les femmes et les enfants. — *Tous les samedis*, sonder mes dispositions à ce sujet, dans l'examen de la semaine.

4o Autant que possible je tâcherai de n'avoir point à diriger de communauté ou confrérie de femmes, surtout de jeunes personnes. »

Telles sont, avec bien d'autres que nous omettons pour abréger, les précautions et mesures adoptées par l'enfant de Marie Immaculée pour se mettre à même de marcher sur les traces de cette auguste Reine des Vierges. Il y fut toujours fidèle ; en quoi, il eut d'autant plus de mérite que la bonté naturelle de son cœur et la tendresse de son âme aimante, le portaient comme nécessairement vers les plus doux épanchements de l'affection. Mais le P. Goulouand sut toujours élever et surnaturaliser ces penchants du cœur et transformer toutes ses affections en flammes ardentes de charité divine. Et la preuve qui a dû paraître la plus irréfutable à cet égard, c'est ce dévouement absolu, cette donation totale, pour ainsi dire, du zélé directeur à *toutes les âmes* qui vinrent à lui, sans aucune acception de fortune, de condition, d'âge, de sexe, à tel point, avons-nous dit, que chacune d'elles, en son particulier, se croyait naïvement la brebis préférée, entre toutes. N'est-ce pas le plus bel éloge qu'on puisse faire de ce cœur vraiment apostolique qui savait se faire ainsi tout à tous, et imiter cette charité universelle qui est celle de Dieu même ?

Au reste, il faut bien le savoir, si le P. Goulouand, en véritable disciple de Saint-François de Sales, put montrer, en toute occasion, que le cœur d'un apôtre doit être un vrai cœur de mère, si même sa haute vertu faisait regarder comme toutes naturelles, dans sa bouche, des expressions de tendresse et d'affection qui eussent pu étonner ou même choquer dans une autre, il n'oublia jamais ce qu'il devait à sa dignité de prêtre et de religieux, et ne permit jamais que personne s'écartât à son égard des règles de la plus sévère bienséance. Le trait suivant en fera foi :

Un jour, une personne d'ailleurs très estimable et sincèrement attachée au P. Goulouand par le sentiment d'une vive reconnaissance, mais manquant peut-être un peu de délicatesse ou de tact dans les formes, arrive au parloir au moment où le Père qui y avait été appelé par une autre, venait de la congédier. Il allait se retirer, lorsque la nouvelle venue l'apercevant, se précipita comme une trombe, et avec une

désinvolture certainement inspirée par les meilleures intentions, mais qui, en la circonstance, dénotait plus de cœur que
de jugement, elle va comme pour lui présenter ou lui prendre
la main suivant une mode encore nouvelle et rare alors,
aujourd'hui plus commune, joignant à cette démarche peu
mesurée les paroles suivantes ou autres analogues, prononcées
avec une volubilité qui parut légèrement cavalière : — « Ah !
mon Père, vous voilà ?... Comment allez-vous !... que je suis
heureuse de vous voir !... qu'il me tardait de vous rencontrer !... etc., etc... » Mais voilà que tout à coup notre étourdie
s'arrête brusquement, comme pétrifiée, et la parole expire sur
ses lèvres avec le sourire. Elle a vu le P. Goulouand, debout,
froid, impassible, reculer lentement vers le fond de la pièce,
sans dire un mot, le regard sévère, presque dur et fixément
attaché sur son interlocutrice. Celle-ci comprend aussitôt le
muet mais éloquent reproche adressé à sa légèreté inconsi-
dérée et se trouve saisie d'un tel sentiment de confusion
qu'en ce moment-là, disait-elle plus tard, elle eût voulu se
trouver à cent pieds sous terre.

C'est ainsi que le P. Goulouand savait, au besoin,
ramener au juste sentiment des convenances et au
respect de la dignité sacerdotale les personnes qui
auraient pu, même avec les meilleures intentions s'oublier tant soit peu, là-dessus, surtout lorsqu'il s'agissait, comme dans l'espèce, de pénitents ou pénitentes
encore jeunes et depuis peu de temps sous sa direction.
Il nous semble que ce seul trait est, à cet égard, plus
concluant et d'une valeur plus démonstrative que les
plus longues considérations. Il met aussi en lumière
la prudence, la discrétion, l'énergie et la force du saint
religieux et achève le tableau de toutes ces vertus
chrétiennes et religieuses dont il a été question jusqu'ici. On y pourrait joindre la patience, la résignation, la conformité à la volonté divine et, comme couronnement du tout, cet entrain, cette bonne humeur,

cette sainte gaieté qui, au témoignage de l'Écriture gagnent et attirent particulièrement le cœur de Dieu : *hilarem datorem diligit Deus*. On peut bien dire qu'elles gagnent également le cœur de l'homme fait à l'image de Dieu. De là le charme irrésistible, l'attrait vainqueur qu'exerça toujours autour de lui la vertu aimable du P. Goulouand considéré d'abord comme homme, puis comme religieux, et non moins, nous allons le voir tout à l'heure, comme prêtre et homme apostolique.

CHAPITRE III

LE PRÊTRE.

Le Saint ministère à Lyon, à Londres, à N.-D. de Rochefort, à Chartres et à Paris : la chaire, le confessionnal, les œuvres. — Vertu de Religion ; amour sacerdotal de l'Eglise et de la France.

LYON. — PRÉDICATION.

Le 19 septembre 1850, le frère Goulouand fut appelé à faire sa profession religieuse, après avoir passé tout l'intervalle écoulé entre cette date et la fin régulière de son noviciat, dans l'exercice du ministère de la prédication et de la conduite des âmes, sous la direction du R. P. Cholleton. Les vertus de ce saint religieux, alors attaché à la maison de missionnaires de Lyon, allaient être pour le nouveau mariste la copie vivante des règles étudiées durant une année entière. Ce fut donc avec la plus entière confiance que le P. Goulouand se livra aux mains de cet excellent maître, et ses notes nous ont conservé les observations pleines de bon sens, de justesse et d'à-propos, écrites sans doute sous la dictée ou recueillies dans la conversation d'un guide si sûr, et destinées à l'éclairer dans les fonctions du ministère qui venait de lui être assigné. On voit qu'il s'engage à prendre, jour par jour, des extraits de bons auteurs, sur les sujets les plus importants, à collationner les textes de la Ste-Ecriture des Pères avec les commentaires les plus autorisés, à faire l'analyse de ses lectures et à les choisir souvent pour sujets de ses méditations. Puis, pour parer à toutes les éventualités, il songe à marquer d'avance la solution des difficultés et embarras qu'il pourrait rencontrer dans les missions étrangères, au fur et à mesure de l'idée que lui en donnent ses lectures et ses travaux, notamment sur la théologie de controverse et les fausses interprétations de l'Ecriture par les hérétiques. Mais au-dessus de tout autre moyen de solution, au-dessus de la science, de la force du raisonnement, de l'habileté humaine, il place toujours la puissance divine de la grâce venant au secours des pauvres efforts de l'homme :

« Avant toute œuvre de zèle, dit-il, considérable ou non, m'armer de motifs surnaturels, en renonçant à tout sentiment de vanité et d'amour-propre : " DIEU SEUL ET SA GLOIRE ! " voilà désormais ma devise. »

C'est dans ces dispositions que le P. Goulouand fut associé à plusieurs autres Pères pour prêcher des missions, dans les diocèses de Lyon, Belley et Grenoble. Dans quelle mesure leur fut-il associé ? quelle fut sa part, considérable ou restreinte, dans le nombre, le caractère, l'efficacité des instructions données par lui, comme dans le succès final de ces missions ? quel est même le nombre simplement approximatif des missions, retraites, sermons isolés qu'il faut attribuer au

jeune missionnaire, surtout durant les trois années
dont nous nous occupons, en ce moment? Aucun document, aucun témoignage ne nous reste, ou, du moins,
ne nous a été fourni, qui puisse permettre de le dire
avec précision et certitude. Ce que l'on sait bien,
c'est que la prédication elle-même n'occupe qu'une
place secondaire et peu considérable dans la vie du
P. Goulouand, surtout si on compare ce genre de ministère à celui qu'il exerça si longtemps et avec tant
de fruit, au saint tribunal de la Pénitence. En effet,
à ne considérer la prédication qu'au point de vue purement matériel, si l'on peut ainsi parler, c'est-à-dire
dans sa durée et son étendue, il est certain que, pour
notre religieux, elle se trouve à peu près circonscri-
te dans les trois années dont nous parlons et qu'on
pourrait considérer comme les essais d'un missionnaire débutant. Nous disons : *à peu près*, car il faut
tenir compte des instructions matinales et presque
journalières dont Chartres garde encore la mémoire
et sur lesquelles nous aurons à revenir plus loin ; mais
outre que c'était là moins un ensemble de prédications proprement dites qu'une suite d'allocutions simples et familières, en faveur d'une œuvre spéciale et
toute d'intérieur, il ne paraît pas que depuis la fondation du collège de Montluçon jusqu'à sa mort, durant
cette majeure partie de sa vie, le P. Goulouand ait
quitté sa résidence pour évangéliser les auditoires du
dehors, si ce n'est dans quelques cas exceptionnels et
très rares. Telle fut particulièrement sa conduite durant tout son séjour à Chartres et à Paris, période de
sa carrière sacerdotale où l'on voit surtout en lui le
confesseur émérite, presque toujours à demeure, in-

variablement fidèle au poste spécial de combat que le Seigneur lui avait assigné, par la voix de l'obéissance.

Mais si l'on peut dire avec exactitude que le ministère de la parole de Dieu occupe une place matériellement très limitée, dans cette carrière sacerdotale, il est juste d'ajouter que, pour restreinte qu'elle ait été, cette prédication, chez le P. Goulouand, se fit toujours et grandement remarquer par un caractère spécial et de la plus haute importance, par ce qui touche au fond, à l'essence même de l'éloquence, surtout de l'éloquence chrétienne, et en constitue en quelque sorte l'âme et la vie. Il y avait en lui, nous rappellent encore ses auditeurs, tant de cœur, tant d'onction, tant de conviction chaleureuse et communicative, que, dans sa bouche, les choses les plus ordinaires, les plus vulgaires lieux communs, prenaient un accent d'irrésistible persuasion et produisaient une impression profonde et durable. Où il réussissait surtout (de magnifiques résultats l'ont prouvé !) c'est en ces exhortations pressantes, en ces pieux *ferrorinos*, sans art, sans apprêt, mais véritablement inspirés par le zèle, dans lesquels passait, avec le fruit de ses méditations quotidiennes sagement élaborées pour les âmes, en nourriture abondante et substantielle, toute la flamme de son cœur apostolique. Là, point de résistance possible : on se sentait saisi, vaincu, entraîné. Tel est, du moins, le souvenir qui en est resté dans bien des esprits.

Voilà certes, ou nous nous trompons beaucoup, un aspect de la prédication du P. Goulouand, assez frappant, assez particulier, disons le mot, assez original et caractéristique, pour mériter d'être quelque peu mis

en lumière. Il en est encore un autre non moins intéressant, non moins *personnel*, mais peut-être moins
connu, que nous nous reprocherions également de ne
pas signaler. Il se réfère à un état d'âme, à une particularité de tempérament moral ou de caractère qu'on
retrouve presque toujours, dans la vie et les actes
du bon Père, à côté, pour ainsi dire, et comme inséparable de sa douceur et de son amabilité proverbiales.
Il s'agit, on le devine, de cette gaieté, de cette bonne
humeur toujours égale, de cet entrain plein de rondeur et de jovialité, toutes qualités qui, outre l'action
d'une haute vertu nécessaire pour les soutenir constamment au même degré, en dépit de tous les acci-
dents, de toutes les souffrances physiques ou morales,
trouvaient encore un aliment perpétuel dans un esprit
légèrement caustique et railleur bien connu de tous
ceux qui l'ont un peu pratiqué.

Or, ces qualités naturelles et cette tournure d'esprit,
en qui, toutefois, une bonhomie native tempérait sans
la détruire la propension à l'ironie et à une bonne
pointe de malice, le P. Goulouand ne craignait pas
d'en faire usage, à l'occasion, même dans l'exercice
de son ministère, toutes les fois qu'il en pouvait espérer un réel avantage pour les personnes avec lesquelles il traitait. On ne sera donc pas étonné que, parfois,
ses prédications aussi bien que sa direction spirituelle
et ses conversations privées aient été assaisonnées de
cette plaisanterie de bon aloi, toujours digne et réser-
vée, dont il se faisait une arme, uniquement pour
combattre le mal et procurer la gloire de Dieu. Il savait que souvent, surtout en France, le ridicule habilement jeté sur les vices et défauts par une raillerie

fine, mesurée, discrète et opportune, produit plus
d'effet que les considérations les plus solides et les
arguments les plus frappants pour ramener les âmes
dans la voie du bien ou les y maintenir. A l'appui et
comme exemple de ce qui vient d'être dit, nous donnerons quelques extraits d'un sermon sur la *Vanité*,
trouvé dans les papiers du spirituel prédicateur. Le
lecteur jugera si ces passages ne brillent pas par la
finesse de l'observation et le piquant des antithèses,
non moins que par l'humeur et le sel gaulois. Voici,
d'abord, comment on y caractérise plus particulièrement, dans certaines catégories de personnes, le ridicule et la petitesse de la *vanité* :

« ...Il y a la vanité des jeunes personnes et la vanité des
personnes âgées. — Vanité des jeunes, vanité des vieux, *et
surtout des vieilles*, (!)

« Les jeunes tirent vanité de ce qu'elles sont, de ce qu'elles disent, de ce qu'elles font.

« Les vieilles tirent vanité de ce qu'elles ont été, de ce qu'elles ont dit, de ce qu'elles ont fait.

« Oh ! que cette vanité des *vieux et des vieilles* est donc
ridicule, et combien elle mérite de moqueries et de risées !
quelle folie !

« Mais la vanité des jeunes personnes n'est pas plus excu-
sable..... etc...., etc... »

Après avoir fait justice de la vanité des *jeunes*,
comme de celle des *vieux*, l'orateur entre plus avant
dans son sujet et passe en revue nombre des mille et
une manifestations de cette fille de l'orgueil dont
presque tout le monde, hélas ! est plus ou moins
tributaire :

« ...On tire vanité de son travail, de son adresse, de son
habileté, de son esprit, de ses talents, etc... etc... On tire

vanité, (le dirai-je ?) même de son nom, parce qu'il est plus *joli*, plus *gracieux* que d'autres.... on est honteux, s'il manque de grâce et d'harmonie, s'il ne sonne pas bien à l'oreille !

Mon Dieu ! de quoi ne tire-t-on pas vanité ?... On parle par vanité, — on garde le silence par vanité, — on chante, on rit par vanité, — on pleure par vanité, — on reste assis par vanité.... »

Le moraliste impitoyable continue en stigmatisant les « châteaux en Espagne », « les pensées et imaginations vaniteuses », « les situations chimériques » que le pauvre esprit humain prend plaisir à forger pour y donner toujours le beau rôle, bien entendu, au moi égoïste et orgueilleux. Puis, il en vient à cette saillie piquante qui peint la nature prise sur le vif.....

« On voudrait pouvoir écrire partout, en grosses lettres, ce que l'on fait de bien : *Voyez et admirez, c'est moi, un tel, une telle, qui ai fait ce magnifique ouvrage !* — et si on ne le fait pas, c'est encore par vanité. On a la vanité de ne vouloir pas passer pour avoir de la vanité ! »

Plus loin, le prédicateur cite, à l'appui de sa thèse, ces paroles de saint François de Sales :

«....d'autres se regardent et s'admirent pour des moustaches relevées, pour des cheveux bien peignés, pour des mains fines, pour savoir danser, jouer, chanter, etc.; mais encore quelle petitesse d'esprit, de vouloir augmenter de valeur et croître en réputation pour des choses si frivoles. *(Introd. à la vie dévote*, 3e part. IV).

Et il poursuit ainsi pour son compte :

« Oserai-je ajouter quelque chose à ces paroles si sévères du saint évêque ? On tire vanité de sa taille, de ses yeux, de son nez, de sa bouche et de ses dents ! Oserai-je le dire ici, en présence de Dieu ? On tire vanité de ses *ongles !*... Et pourquoi pas plutôt de ses *oreilles* ?... Mais non.... on les cache (1) et on *a bien raison* (!!) »

Que dit le lecteur, de cette dernière boutade? n'est-elle pas aiguisée et prestement lancée, comme le trait final, dans l'épigramme?

Ces citations, propres à dévoiler un côté intéressant de la physionomie intellectuelle et morale du P. Gou-louand, considéré comme prédicateur, ont encore l'avantage de corroborer ce qui a été dit plus haut de cet entrain, de cette bonne humeur joviale et spiri-tuelle qui faisaient comme partie intégrante de son caractère et ne l'abandonnaient jamais. Reprenons maintenant la trame de sa vie, au point où nous l'avons laissée à l'époque du séjour à Lyon, durant les deux années qui suivirent le noviciat.

*
* *

Désir des missions étrangères. — Londres.

A cette date, se présente un fait qui eût pu tout aussi bien trouver sa place au chapitre des vertus reli-gieuses, s'il ne se trouvait lié intimement, par certains côtés, aux plus ardentes aspirations apostoliques du ministre de Jésus-Christ : il s'agit du refus courtois et poli mais très ferme que le nouveau profès, fidèle aux leçons comme aux exemples de son vénéré Maî-tre des novices, opposa inflexiblement à toutes les sollicitations qui lui furent adressées alors, pour l'en-

---

(1) L'orateur s'adressait à un auditoire féminin.

gager à revoir momentanément sa famille et son pays.

Aux inquiétudes que son éloignement inspirait à ses amis, il répondait :

« Rassurez-vous, je suis heureux, content, au-delà de tout ce que je pourrais vous dire. En Marie, j'ai une tendre mère, et dans ma chère Société de Marie, j'ai déjà plus de deux cents (1) frères qui m'aiment tendrement et que j'aime de même, qui prient pour moi, comme je prie pour eux. N'est-ce pas assez pour être heureux avec l'espoir d'aller bientôt en Océanie. Oh ! si N.-D. de Fourvières, que j'ai le bonheur de voir si souvent, est chère à tous ceux qui aiment Marie, elle est chère surtout aux missionnaires maristes qui viennent s'y consacrer solennellement, avant leur départ »

A ses anciens paroissiens qui demandaient à le revoir, au moins quelques jours, il avait déjà répondu, à la date du 18 février 1850 :

« Je suis bien touché, bien reconnaissant du bon souvenir que vous avez gardé de votre ancien vicaire. Merci, également, de vos saintes unions de prières en ma faveur ; je vous promets en retour, de me souvenir toujours de vous, au saint sacrifice de la messe ; car c'est là que j'aime à donner une place à tous ceux qui veulent bien avoir la charité de s'intéresser à moi. Là, Saint-Hélier et ses habitants, bien-aimés de mon cœur, ne manquent jamais de se présenter à ma mémoire, et c'est de toute mon âme que je demande à Dieu de bénir cette chère paroisse dont le souvenir si consolant pour moi, me suivra partout, et, je l'espère, jusqu'en Océanie..... Quant à l'invitation que vous me faites d'aller au pays, il faut, mes bons amis, vous résigner à entendre ma résolution bien arrêtée de n'y point aller du tout, *excepté si je suis désigné pour nos missions lointaines ;* et si je vais à St-Hélier, ce sera surtout pour me recommander aux prières de tous. Il faut tant de vertus à un bon missionnaire ! et je me sens si impar-

---

(1) Depuis lors, par la grâce de Dieu, la Société de Marie a plus que triplé.

fait, même après déjà quatorze mois de noviciat qui n'ont pourtant été employés qu'à me former à la perfection ! Non, vraiment, je ne sais quelle triste figure de missionnaire je ferai si vos mains suppliantes ne s'élèvent pas vers le Ciel pour le conjurer de me venir en aide. »

On connaissait, même avant cette lettre, à St-Melaine et à St-Hélier les désirs apostoliques du P. Goulouand ; on avait deviné son secret espoir, qu'il ne cachait plus maintenant, d'aller mourir, lui aussi, sur les plages inhospitalières de la Mélanaisie.C'est ce qui explique l'envoi qu'on se plut à lui faire, d'une belle gravure représentant un prêtre à qui des sauvages fendent la tête.

« Je garderai bien précieusement cette image » répondait-il, en remerciant, « j'ai deviné vos intentions. !!! Mais, hélas ! je ne suis pas digne d'un si grand bonheur, et pourtant, vous le savez, nos missions d'Océanie offrent bien quelques chances du martyre. Nous venons de recevoir encore une lettre nous annonçant la mort d'un évêque (1) qui, lui-même, n'a échappé jadis au massacre, que par une miraculeuse protection de N.-D. de Fourvières. Ce saint prélat s'était voué à Elle, un jour de grand danger, lorsque déjà les sauvages avaient mis le feu à la case où il s'était renfermé, tandis que plus de trois cents de ces furieux l'attendaient à la porte, armés de lances et de casse-têtes. Mais la Sainte-Vierge le sauva, on ne sait comment. Vous voyez donc bien que si mes supérieurs m'envoyaient dans ces îles, je pourrais très bien *attraper* quelque chose de ce genre, ce qui n'est pas fait pour m'attrister, au contraire. »

Cette sainte ambition des âmes, accompagnée d'ardentes aspirations au martyre, forme toujours le fond

---

(1) Mgr Collomb : voir le récit qui a été fait de cet épisode de sa vie, dans l'histoire de Mgr Douarre, premier vicaire apostolique de la Nouvelle-Calédonie, par le R. P. Mayet. S. M.

de sa correspondance, à cette époque. Nous venons d'en donner la preuve, dans les extraits précédents ; nous y ajouterons ce qu'il en dit encore, dans une lettre adressée à une des plus honorables familles de St-Hélier, composée de sept enfants, dont deux prêtres, et dans laquelle vit encore le souvenir du P. Goulouand.

« Comme je ne sais point encore l'époque de mon voyage en Bretagne, qui n'aura lieu qu'au moment de mon départ pour l'Océanie, je vous envoie les six médailles que vous me demandez ; je les ai bénites et indulgenciées moi-même à Notre-Dame de Fourvières, et placées sur l'autel, pendant la messe que j'ai eu le bonheur d'y célébrer, ce matin même, à votre intention. Daigne Marie, cette si bonne et si tendre mère, bénir ceux qui les porteront, comme je l'en ai priée. Ah ! que N.-D. de Fourvières est chère à ceux d'entre nous qu'Elle destine aux missions de la Polynésie, et qui viennent y renouveler leurs serments, avant de partir. Tous sont à genoux sur les degrés de l'autel : l'un d'eux adresse ordinairement à la foule attendrie une instruction qui ne manque jamais de faire couler beaucoup de larmes, surtout lorsque le prédicateur, en terminant, prononce, au nom de tous ses frères, agenouillés devant la Madone, l'acte de solennelle consécration à Marie, La priant de veiller sur eux tous, au milieu des dangers sans nombre auxquels ils vont s'exposer, sur terre et sur mer, pour la faire connaître, Elle et son divin Fils, à des peuples encore sauvages. »

« Dites au bon François et à mon Auguste qu'ils pensent à moi dans leurs longues visites au Saint-Sacrement et à N.-D. de Rennes. Je demande aux deux chers amis, les T***, de ne pas m'oublier non plus. Auguste et T***, dans leurs réunions des dimanches, me feraient le plus grand plaisir de me recommander aux prières de leurs Associés. Si je l'osais, je ferais la même demande aux zélateurs et zélatrices du Rosaire que j'ai contribué à établir dans la paroisse : j'espère que l'on m'accordera cette grâce, à laquelle je tiens certainement beaucoup, *car, pour moi, la prière c'est tout.* Je ne demande absolument rien autre chose à mes amis que des prières, comme c'est aussi la seule chose que je puisse leur promettre. Toute autre reconnaissance me serait inutile et vaine, à cause de l'éloignement qui nous tiendra désormais séparés. »

L'homme propose, et Dieu dispose. Ces missions lointaines si souvent rappelées dans la correspondance qu'on vient de citer et manifestement l'objet des plus vives prédilections du P. Goulouand ne devaient pourtant point devenir son partage. C'est l'histoire de bien des religieux. Dieu qui conduit tout avec une force irrésistible, mais comme inaperçue et pleine de suavité, use souvent de cet attrait puissant de l'apostolat comme d'un très doux appât pour prendre et faire entrer dans le port de la vie religieuse des âmes d'élite qui, sans ce motif, peut-être n'y seraient pas venues et qu'il appelle cependant, dans le sein de la religion, à des ministères différents de ceux qu'elles avaient primitivement en vue.

Et ces âmes ne doivent pas être médiocrement consolées de se savoir traitées, en cela, de la même manière que nombre de saints, comme, par exemple, S. François d'Assise, S. Romuald et tant d'autres qui, pour n'avoir pu réaliser leur projet favori d'aller prêcher l'Evangile dans les pays idolâtres ou hérétiques dans le but d'y conquérir la palme du martyre, n'en sont pas moins parvenus au sommet de la perfection, dans la voie tout autre où Dieu les voulait.

Voilà ce que savait bien le P. Goulouand. Il savait que le divin Père de Famille, le Maître de la Vigne mystique, récompensera magnifiquement tout ce qui aura été désiré, comme ce qui aurait été fait pour sa gloire, que, d'ailleurs, Il n'a besoin de personne nulle part, et que " l'obéissance préférable à tous les sacrifices ", dit l'Ecriture, est en soi plus parfaite et plus méritoire que le plus fécond apostolat non dégagé de toute volonté propre. Aussi se laissa-t-il gouverner entièrement par ses Supérieurs, assuré d'accomplir de cette manière la volonté de Dieu à son égard.

La Société de Marie avait, depuis peu, sur les instances du cardinal de Wiseman, consenti à fonder une paroisse dans un des quartiers les plus pauvres et les plus populeux de la ville de Londres, en faveur des catholiques Irlandais établis dans cette immense capitale. On jeta les yeux sur le P. Goulouand, désigné d'avance pour ce poste, par la connaissance qu'il avait déjà acquise de la langue anglaise, au cours de ses études. Il y fut donc envoyé, en 1852, sous la conduite du R. P. Chaurain, Supérieur. Il n'y demeura qu'un an ; mais si nous nous en rapportons aux papiers qui nous restent de cette époque, il nous est facile de constater qu'il s'imposa un règlement sévère, à l'effet de bien remplir ses devoirs religieux et de mieux attirer les bénédictions divines sur lui-même et sur les âmes qu'il aurait à diriger. L'étude plus approfondie de la langue anglaise fut aussi un objet constant de sa sollicitude, au point qu'il s'astreignit à ne jamais parler français pour s'habituer à ne penser qu'en anglais. Pour atteindre ce but, il recherchait la compagnie d'un bon frère coadjuteur d'origine anglaise et parlant purement cette langue, afin de s'exercer à mieux saisir les nuances et les tours particuliers du langage habituel du peuple qu'il avait à évangéliser.

Vis-à-vis de son supérieur local, le missionnaire de Londres s'oblige à une obéissance rigoureuse, ne veut se permettre aucune objection, aucune observation même respectueuse, sur la manière de s'acquitter de la *prédication* ou de la *confession* à l'égard des fidèles de la paroisse « par la raison bien simple », dit-il, « que mon supérieur a double grâce d'état pour me conduire : 1° Comme supérieur de la résidence ; 2° Comme pasteur déjà au courant des mœurs de son peuple. » Puis le cœur du Père s'épanche en sentiments d'admiration et d'amour pour cette généreuse nation irlandaise qui, martyre plus de trois fois séculaire et toujours invincible de sa foi, préfère ce trésor à toutes les jouissances, confesse et propage les traditions catholiques chez tous les peuples du monde.

⁂

N. D. DE ROCHEFORT. — CHARTRES.

Au commencement de l'année 1853, le P. Goulouand fut envoyé comme missionnaire à N.-D. de Rochefort, dans le diocèse de Nîmes. En ce sanctuaire antique dont la fondation, suivant des témoignages nombreux et très autorisés, remonterait à Charlemagne lui-même, qui le fit élever pour perpétuer le souvenir du triomphe de ses armes sur les Maures, le nouveau venu trouva à exercer son zèle, soit par le ministère de la parole, soit par celui de la direction des âmes. D'innombrables pèlerins accourent, chaque année, de tout le diocèse et des provinces voisines, aux pieds de la statue miraculeuse de N.-D. de Grâce. C'est surtout durant les mois de Mai et de Septembre que l'affluence devient considérable.

Le P. Goulouand, heureux de se dépenser pour le
salut des âmes sous le regard et sous les auspices de
" sa Bonne Mère ", se multipliait pour suffire à tout,
et (détail à noter en passant), c'est là tout particulièrement qu'il contracta l'habitude de ces longues séances de confessionnal qui, plus tard, à Chartres et à
Paris, durant les trente dernières années de sa vie,
devaient absorber la majeure partie de son temps et
constituer la part prépondérante de son ministère
apostolique. Et dans les laborieux débuts de cette
féconde vie de confesseur, dans ces « coups d'essai qui
furent aussi des coups de maître » que de douleurs
consolées, que de pécheurs réconciliés avec Dieu, que
de fidèles de tout âge et de toute condition ramenés à
la pratique du devoir ou affermis dans l'amour et
l'exercice de la vertu !

Celui que Dieu destinait à être pour les consciences un guide si habile et si sûr et qu'Il semblait préparer déjà, de longue main, aux merveilles de grâce
qu'il voulait opérer par son entremise, paraissait, dès
lors, rechercher de préférence ce ministère humble et
obscur, aux yeux des hommes. Il laissait volontiers
à d'autres le soin de rompre, aux multitudes de pèlerins accourus de toutes parts sur la "Sainte Monta-
gne", le pain de la parole de Dieu, ministère qu'exerçait d'ailleurs, avec tant d'éclat, le R. P. Etienne
Séon (1), alors chargé de la direction du sanctuaire
et de la résidence de N.-D. de Rochefort. Qui pourra
nous dire avec quelle sainte émulation le P. Gou-

____

(1) Mort en odeur de sainteté ; son corps a été retrouvé intact
en 1865, c'est-à-dire sept ans après sa mort arrivée le 18 avril
1858.

Iouand s'efforçait d'imiter son vénérable supérieur, en zèle, en régularité, en mortifications de tous genres ?

Du reste, pour ce qui concerne l'imitation des saints, la vénération pour leurs personnes, l'estime et l'amour de leurs vertus, les papiers du cher Père nous fournissent un document trop précieux pour être passé sous silence et qui trouve tout naturellement sa place ici, puisqu'il est comme un dernier écho de ces aspirations ardentes aux missions étrangères qui ont rempli et animé, on peut le dire, toute sa jeunesse sacerdotale et religieuse. C'est un compte rendu sommaire de l'analyse qu'il venait de faire de la "Vie de Saint François Xavier" par le P. Bouhours. Choix qui, à lui seul, indique suffisamment les constantes préoccupations et prédilections de son âme d'apôtre, tant qu'il lui resta quelque espérance de pouvoir les satisfaire un jour.

Cette analyse, est-il besoin de le dire? ne porte nullement sur le côté littéraire, ceci n'ayant rien à voir avec l'imitation et la pratique ; elle s'occupe exclusivement du point de vue hagiographique et spirituel. La voici telle que nous la trouvons dans une note surchargée de ratures et d'interlignes :

« 1° La vie de St François Xavier se présente sous deux aspects bien différents quoique intimement liés ensemble : le côté *merveilleux*, nous montrant ses miracles, et le côté *pratique*, ses vertus. Malheureusement (du moins c'est l'impression qui m'est toujours restée de la lecture de sa vie par le P. Bouhours), comme le premier côté offre des traits bien plus saillants, et beaucoup plus rares dans la vie des autres saints, c'est aussi le côté que les historiens développent davantage, on pourrait même dire presque exclusivement. Au milieu du détail de tant d'évènements merveilleux, l'on a peine à découvrir le *ressort secret* qui les produit, et il faut une grande attention pour le voir et le démêler dans quelques phrases que l'hagiographe glisse çà et là au milieu de son récit, puis dans un résumé trop court qu'il place à la fin de la vie ; c'est surtout dans le recueil des lettres du saint missionnaire qu'il faut aller chercher la trace de ses vertus. Je ne crains pas de le dire : dans l'histoire écrite par le P. Bouhours, on voit trop le *thaumaturge* et pas assez le *saint* ; on voit trop les miracles et pas assez les vertus qui les produisent, et l'on ne retire ordinairement de cette lecture qu'un sentiment d'admiration auquel se mêle trop peu le *désir de l'imitation*. Cette vie ainsi présentée prouve plus évidemment la divinité que la sainteté de la religion.

« J'ai pris, dans mon analyse, le contrepied de cette manière de procéder, m'appliquant à faire ressortir les vertus du saint beaucoup plus que ses miracles, et me contentant d'indiquer ces derniers. J'ai recherché le *côté pratique*, me proposant d'imiter, du moins en quelque chose, et dans la mesure de mon pouvoir, les vertus de St François Xavier, si Dieu m'appelle comme lui au ministère apostolique parmi les infidèles. C'est là mon unique but dans cette analyse, et la grâce que je demande à Dieu par l'intercession de cet admirable modèle des missionnaires. A la fin de mon travail, j'ai groupé sous différents titres ses exemples et ses paroles qui ont trait à certaines vertus plus particulièrement nécessaires à l'homme apostolique, afin de les apercevoir plus facilement que dans le cours d'une histoire.

« 2° Le missionnaire imitateur de St-François Xavier, tout en marchant sur ses traces et en essayant de reproduire ses plus hautes vertus, ne doit point compter, cependant, sur les mêmes miracles, ni sur les mêmes succès dans ses travaux apostoliques, choses qui dépendent de la volonté divine et point du tout de ses efforts, qui d'ailleurs ne sont nullement nécessaires à sa perfection, aux yeux d'un Dieu qui récompense les efforts et non pas les succès. Ainsi, l'on peut être un grand saint et un grand apôtre, sans être un homme à miracles et à nombreuses conversions comme St-François Xavier, et certes ce serait bien un saint celui qui aurait toutes les vertus de Xavier, moins ses miracles et ses conversions : ce serait Xavier même, moins cette gloire purement accidentelle et extérieure que lui donnent ses miracles et ses succès : voilà qui est bien consolant ! »

Notre critique termine le compte-rendu de son analyse par une troisième observation également marquée au coin de la sagesse judicieuse et pratique. Il dit que dans l'imitation des vertus de St-François Xavier, le missionnaire doit bien tenir compte de la différence des temps, des lieux, des personnes, de toutes les circonstances enfin qui plaçaient le grand apôtre des Indes dans une situation tout à fait exceptionnelle de sainteté extraordinaire souvent dirigée en ses voies et manifestations par l'inspiration directe de l'Esprit Saint lui-même. De là l'obligation de s'abstenir de certains actes qui, admirables en St-François Xavier, « seraient blâmables ou passablement ridicules de la part d'un homme ordinaire. » « Affaire, ajoute-t-il, de prudence et de discernement. »

La prudence ! le discernement surtout ! n'en trouvons-nous pas une preuve éclatante dans cette façon si sage d'apprécier les hommes et de comprendre le vrai caractère de l'imitation des saints ?.. N'y voyons-nous pas en œuvre ce jugement droit, cet amour du sérieux et du vrai, ce ferme bon sens qui, en toutes choses, vont au solide et visent directement au pratique, sans se laisser éblouir par des dehors plus ou moins brillants, sans se payer de mots, ni d'apparences parfois trompeuses, sans donner tête baissée, comme le vulgaire irréfléchi et superficiel, dans des admirations stériles, dans des enthousiasmes sinon dépourvus d'objet, du moins vides de fructueux résultats ?

Cette sagesse, ce bon sens, cette recherche du pratique avant tout, nous les retrouverons plus loin, servant de guide et de lumière à toute la conduite du P. Goulouand, dans la direction des âmes.

*
* *

En 1859, après son séjour à Montluçon dont nous parlerons plus loin, le P. Goulouand fut envoyé comme missionnaire à la résidence de la maison Sainte-Foy, à Chartres. Il était âgé de quarante ans et devait vivre trente ans encore. Ces trente dernières années, il allait les consacrer exclusivement désormais, à la conduite des âmes, surtout au saint tribunal de la Pénitence. Et qui pourra dire combien ce ministère fut fructueux ! A Chartres, tout d'abord, on le vit, durant dix années entières, assidu au confessionnal, recevant un nombre toujours croissant de pénitents. et d'âmes pieuses avides de se mettre sous sa direction. Il donnait, de temps en temps, des retraites dans les diverses communautés de la ville, puis reprenait aussitôt son ministère de confesseur.

Les pénitents, disons-nous, ne tardèrent pas à affluer, car à peine les premiers eurent-ils goûté de cette sage et paternelle direction, qu'ils attirèrent à leur suite un grand nombre d'autres. Et l'une des choses qui contribuèrent sans doute le plus à précipiter vers le nouveau confesseur ce grand concours, ce fut l'exemple de régularité, de piété et de ferveur que, tous les matins, il donnait aux personnes venues à la chapelle pour assister à sa messe célébrée la première, immédiatement après l'oraison. — « Nous le voyions là tous les jours, disait l'une d'elles, près de l'autel, à la place qu'il occupait habituellement au chœur dans les cérémonies, toujours à genoux ou debout, immobile, méditant dans le plus profond recueillement ; malheureusement pour nous, ajoutait cette personne, nous ne pûmes jouir longtemps d'un spectacle si édifiant, car bientôt devinrent nombreux les pénitents qui assiégeaient son confessionnal, même à cette heure matinale, et inauguraient sa rude journée de travail et de fatigue, en l'obligeant même à devancer ou remettre à plus tard, dans la matinée, l'heure de son oraison quotidienne.

Le fidèle ministre de Jésus-Christ, loin de se plaindre de ce surcroit de travail, dut trouver, au contraire, que c'était bien peu pour son zèle ; car bientôt, par sa seule initiative, il conçut l'idée d'une œuvre toute nouvelle et visiblement inspirée d'En Haut. Le désir à peine formé dans son âme apostolique, il se mit en devoir de le réaliser et presque aussitôt jaillit de ses mains, pour ainsi dire, cette « *Œuvre des Domestiques* » qui fut bien sa création propre et personnelle.

Cette œuvre, destinée à prospérer rapidement et à porter les plus beaux fruits de grâce et de salut, demeurera, devant Dieu et devant tous les justes appréciateurs des choses surnaturelles, l'un des plus magnifiques et des plus précieux titres de gloire du P. Goulouand. Elle est, de plus, cette œuvre, marquée avant tout, de l'empreinte spéciale et comme du cachet de l'esprit mariste. Fidèle à cet esprit, l'humble religieux, dont nous retraçons ici les actes et les vertus, préféra toujours aux ministères éclatants et relevés aux yeux du monde, les travaux apostoliques les plus modestes, et les moins en vue, lorsque d'ailleurs le choix contraire n'était pas prescrit par l'obéissance. Sans se refuser à rien ni à personne dès que la gloire de Dieu le demandait, laissé libre, il allait plus volontiers et par la pente du cœur, vers les pauvres, les petits, les ignorants, les gens inconnus ou dédaignés d'un monde orgueilleux et vain.

Tel fut l'esprit qui anima, pour sûr, le P. Goulouand dans la création de l'*Œuvre des Domestiques*. Aussi la pieuse association le reconnut-elle aussitôt pour son vrai, son unique père ; et comme il en avait été l'initiateur, il en fut toujours le directeur préféré. Plus tard, lorsque la maladie nécessita le transport du P. Goulouand à Paris, si l'œuvre continua et se maintint même jusqu'à la fermeture de la Chapelle de Ste-Foy, à l'époque des iniques décrets de 1880, ce ne fut pas, il faut le reconnaître, avec le même entrain et la même prospérité que durant le séjour de son fondateur, à Chartres.

Mais n'anticipons pas. Au moment où nous en sommes, c'est-à-dire dès les débuts de la fondation, le mouvement vigoureusement imprimé s'accrut et gagna vite, de proche en proche. Les adhérentes devinrent de jour en jour plus nombreuses, et bientôt cent cinquante environ de ces humbles filles de service remplirent la chapelle de leurs rangs pressés.

Tous les jours, à 5 heures et quart en été, à 5 heures trois quarts en hiver, le Père leur disait la sainte messe, puis leur adressait une touchante allocution propre à bien les instruire de leurs devoirs, à les consoler dans leurs peines, à les encourager dans leurs travaux et à leur rendre plus facile et plus douce la pratique des vertus de leur condition. Outre ces alloentions ordinaires de tous les jours, le zélé directeur parlait encore à son cher auditoire durant les neuvaines préparatoires à toutes les grandes fêtes, lesquelles étaient souvent suivies d'octaves ; de plus, il faisait faire assidûment et de la même manière le mois de St-Joseph, le mois de Marie, le mois du Sacré-Cœur peut-être même (nous n'avons pas de témoignage bien précis sur ce dernier point) le mois des âmes du Purgatoire et celui de la sainte Enfance de N. Seigneur. Or, en toutes ces circonstances particulières qui revenaient fréquemment, on le voit, le P. Goulouand, sans préjudice pour la petite prédication matinale qui ne manquait jamais, adressait une seconde fois la parole à ses bonnes filles, le soir, avant la bénédiction qui clôturait l'exercice ; de sorte que, en réalité, il prêchait deux fois par jour, une bonne partie de l'année.

Disons tout de suite que ses efforts, bientôt couronnés de succès, furent vus d'un très bon œil, généralement par tout le monde, et en particulier par les maîtres dans la maison desquels vivaient les humbles filles qui en faisaient partie. De fait, ceux-ci ne tardèrent pas à témoigner publiquement de la satisfaction que leur faisaient éprouver une régularité et une exactitude dans le service, assez nouvelles jusqu'alors. On citait, sur le compte de ces personnes placées depuis peu sous les salutaires influences d'une piété journellement excitée et fortifiée, bien des actes de douceur, de patience, de résignation qui eurent souvent les meilleurs résultats et exercèrent la plus heureuse action sur nombre d'esprits prévenus contre la religion.

On en vint même à se disputer l'avantage d'avoir pour bonnes celles qui avaient ainsi passé sous la conduite du P. Goulouand et continuaient à faire partie de l'œuvre. Bien loin de murmurer contre leur assiduité aux réunions de la Chapelle des Pères, on s'ingéniait à leur en faciliter les moyens et à propager ce nouveau genre d'apostolat. Quand venait le temps pascal, il se produisait chaque année, parmi les maîtres et maîtresses de maison, quelques nouveaux retours obtenus par les prières de ces humbles servantes, heureuses de voir éclater ainsi, grâce à leur intercession, les miséricordes du Seigneur. C'est qu'on avait de la peine à résister à l'ascendant mystérieux exercé, souvent à leur insu, par la conduite exemplaire, voire par la simple physionomie, en quelque sorte transfigurée de ces pauvres domestiques, en qui la grâce opérait parfois des transformations complètes qui les rendaient comme méconnaissables à ceux-là même chez lesquels elles avaient longtemps vécu.

Toutefois, hâtons-nous de l'ajouter, cette faveur du public et surtout du plus directement intéressé ne fut pas pour tous, sans exception, le fait du premier moment ni l'affaire d'un jour. L'œuvre ne parvint à les conquérir, du moins à ce degré d'universalité, que peu à peu, au fur et à mesure que se manifestèrent les fruits de bénédiction et de salut tout à l'heure signalés. Dans les commencements au contraire (et ceci n'est pas inutile à noter en passant) elle fut comme toutes les œuvres véritablement providentielles, saintes et voulues de Dieu, marquée du sceau de la croix, en butte à la contradiction des langues, et même à des résistances et à des attaques positives plus ou moins ouvertes, dont quelques-unes se perpétuèrent jusqu'à la fin.

A cela, du reste, rien d'étonnant si l'on songe, d'une part à l'opposition qui accueille d'ordinaire tout ce qui semble très nouveau et rompt plus ou moins en visière avec l'habitude et la routine ; surtout si l'on pense, d'autre part, à la guerre terrible, implacable, déclarée par l'Esprit du mal, à tout ce qui lui paraît de nature à affaiblir son empire. Malgré tout, néanmoins, « l'Œuvre des Domestiques » se maintint florissante, en somme, jusqu'au départ de son fondateur et se perpétua après lui, quoique un peu diminuée, une dizaine d'années encore. Et pendant tout le temps de son séjour à Chartres, redisons-le encore, en deux mots, le P. Goulouand se donna à cette œuvre avec une prédilection toute spéciale et un dévouement sans mesure. Les petites allocutions quotidiennes dont il a été question plus haut, toujours empreintes, *imprégnées*, si l'on peut parler ainsi, de l'onction la plus suave et la plus pénétrante, respiraient la tendresse la plus vive, la plus profonde, la plus paternelle pour ce cher auditoire avec lequel le prédicateur s'unissait, s'identifiait en quelque sorte par la parole comme par la pensée et le sentiment. A l'exemple du si bon et si aimable St-François de Sales, ce délicieux modèle qu'il cherchait à imiter en tout, le P. Goulouand, ne donnait jamais que le doux nom d'enfant à ceux ou à celles auxquelles il s'adressait, soit en chaire, soit au saint tribunal. Et ici, dans ces instructions du matin ou du soir, à l'imitation encore du saint évêque de Genève disant à ses filles de la Visitation : « Mes chères filles, *nous nous sommes faites religieuses* pour, etc..., le bon Directeur disait également comme s'il eût été du même sexe et du même rang que son auditoire : « Oh ! mes enfants, mes chères enfants, *soyons bonnes, soyons douces, soyons patientes,* » etc...

Il est superflu de l'ajouter : tout cela était dit avec tant de cœur, une affection si vraie, si vivement sentie, que ces humbles filles, émues jusqu'au fond de l'âme d'être l'objet de tant d'amour de la part de ce prêtre vénérable qui n'avait à attendre d'elles aucun avantage temporel, croyaient voir comme une apparition, une manifestation sensible de la tendresse infinie du divin Sauveur lui-même, déversée pour elles dans le cœur brûlant de son fidèle ministre et apôtre. Aussi, souvent les larmes jaillissaient abondantes, et les résolutions les plus généreuses et les plus efficaces germaient sans peine dans des âmes embrasées d'un saint transport pour la pratique du devoir, la résistance au mal et l'acquisition de la vertu.

Après de tels détails, on nous pardonnera, nous l'espérons, d'avoir assez longuement insisté sur cette œuvre particulière ; on comprendra qu'il était nécessaire de la mettre fortement en lumière, à cause de la grande place qu'elle occupe dans la vie apostolique et surtout dans le cœur du Père Goulouand. Ce n'est pas tout, car il est facile de voir qu'elle eut aussi une part considérable à l'accomplissement des desseins de Dieu sur son missionnaire. En rendant, en effet, son ministère plus sédentaire, en multipliant ses séances au confessionnal et le privant par là d'un exercice qui eût été nécessaire à sa santé, elle contribua pour beaucoup, ce n'est pas douteux, à la maladie chronique qu'il contracta à Chartres et qui devait lentement et douloureusement le conduire au tombeau. Il était ainsi réservé au généreux apôtre d'être

comme le soldat intrépide frappé sur le champ de
bataille, qui meurt, plus tard, des blessures profondes
et mal cicatrisées reçues glorieusement pour la défense ou l'exaltation de son drapeau.

Cette « Œuvre des domestiques » toute personnelle
au P. Goulouand et si chère à son cœur, bien qu'elle
prît une grande partie de son temps et de son travail,
ne fut pourtant pas capable de l'absorber tout entier.
Nombre d'autres bénéficièrent de son inépuisable
activité apostolique; il serait trop long de les énumérer
toutes. Nous nous bornerons à signaler en particulier
la grande part qu'il eut à l'établissement d'une dévotion très nouvelle, à cette époque, pour le pays Chartrain. Il s'agit de la dévotion au glorieux saint Joseph,
tellement peu connue, peu pratiquée alors dans ce
diocèse, que la superbe cathédrale elle-même ne possédait pas seulement une statue du Père nourricier
de Jésus, bien moins encore un autel et une chapelle
sous son vocable comme aujourd'hui. Il en était de
même dans les autres paroisses de la ville et du
diocèse. Nulle part, ou peu s'en faut, une place si
petite et si modeste qu'on la suppose n'était faite à
saint Joseph dans les églises ; nulle place, par conséquent, dans la vénération publique et surtout populaire. Maintenant, au contraire, une transformation
complète s'est produite sur ce point, et depuis de longues années déjà : partout, des chapelles dédiées au
glorieux époux de Marie, partout au moins, des statues
qui le représentent ; en plusieurs endroits même, des
pèlerinages visités et fréquentés.

A qui revient, après Dieu, l'honneur d'un si heureux
changement ? Tout d'abord à celui qui semble avoir eu

pour mission spéciale, dans la Société de Marie, la
propagation de cette précieuse dévotion, le P. Huguet,
qui, se trouvant à Chartres l'année même de l'installa-
tion des Pères maristes à la résidence Ste-Foy, prit
l'initiative, en donnant, en mars 1859, le premier mois
de Saint Joseph qui ait été prêché au pays Chartrain.
Avec le zèle ardent qui le caractérisait, il imprima dès
le premier jour l'impulsion la plus vigoureuse à cette
dévotion qu'il allait bientôt après s'efforcer de répandre
par la voie de la presse, à travers le monde entier. Ce
devait être désormais l'œuvre capitale de toute sa vie ;
il y travailla jusqu'à sa mort : avec quelle ferveur et
quel succès, Dieu le sait ! et quelque peu aussi les
nombreux lecteurs de cette publication mensuelle
bientôt traduite et éditée dans les principales langues
de l'Europe, qui contribua si puissamment à promou-
voir partout le culte du saint Patriarche.

A Chartres, en même temps que lui et après son
départ, les missionnaires maristes ses confrères prê-
chèrent en tout lieu, dans les missions et retraites,
les grandeurs, la puissance et la bonté de S. Joseph.
Mais celui d'entre eux qui contribua le plus à établir
solidement ce culte, dans la ville même et spécialement
à Ste-Foy, ce fut bien le P. Goulouand, successeur
direct et immédiat du P. Huguet, en cet office de zèle
apostolique.

Il le remplaça effectivement, dès son départ, c'est-
à-dire dès l'année suivante, pour toutes les prédications
en l'honneur du Saint, spécialement durant les exercices du mois qui lui est consacré. Ce fut donc lui qui
donna ces exercices, en mars 1860.

Ce fut lui encore, le P. Goulouand, qui les prêcha

l'année d'après et probablement tous les ans, sans exception, jusqu'à la fin de son séjour à Chartres ; puisque ne quittant jamais la résidence, il semblait plus naturellement qu'aucun autre désigné pour ce ministère, à cette époque de l'année surtout, où les prédications du Carême appelaient généralement tous ses confrères au dehors. Ce qui est bien certain, c'est que le digne successeur du P. Huguet, en cette fonction sainte, si chère à sa piété, s'en acquitta toujours avec un zèle dont le souvenir est demeuré très vivant parmi ceux qui eurent alors le bonheur de le voir à l'œuvre.

Non content, en effet, de rompre, avec son onction accoutumée, le pain de la parole divine à l'auditoire accouru pour s'édifier au récit des vertus et des bienfaits de St Joseph, il s'appliquait à orner, à embellir de son mieux l'autel qui lui était dédié, et plus tard, la magnifique petite chapelle bâtie en son honneur par les soins et les pieuses libéralités d'une noble et généreuse famille chartraine. Là, le vénéré Père, donnant, sans compter, son temps et sa peine, déployait les ressources de ce rare talent de décorateur religieux, sur lequel nous aurons à revenir, un peu plus loin. Bref, il prenait tous les moyens de faire prospérer et grandir dans les âmes cette dévotion salutaire, à laquelle l'Eglise, par la bouche infaillible du Pontife Suprême, Pie IX, de douce et glorieuse mémoire, allait bientôt donner le plus magnifique essor.

Cet essor, ce patronage universel du monde catholique décerné au Chef de la Ste-Famille de Nazareth, les PP. maristes de Ste-Foy et le P. Goulouand très particulièrement, ont eu la gloire d'en préparer, autant qu'il dépendait d'eux, l'intelligence et la triomphante acceptation dans le diocèse de Chartres.

Nous venons de voir quelle grande part de cette gloire revient tout particulièrement au P. Goulouand. Précédemment ont passé sous nos yeux les autres œuvres que son zèle apostolique rendit florissantes et prospères. Pour clore maintenant ce chapitre en complétant du mieux possible l'esquisse de cette belle figure sacerdotale, il nous reste à ajouter quelques détails sur les vertus qui peuvent plus particulièrement passer pour l'apanage et l'ornement caractéristique du prêtre considéré comme tel. Dans cette catégorie, nous nous plairons à ranger, par exemple, tout d'abord et incontestablement l'amour de Dieu et de son culte par la pratique de la vertu de religion ; puis, comme conséquence naturelle, l'amour de l'Eglise, Epouse mystique du Prêtre Eternel, Jésus-Christ, et même l'amour de la patrie française, en tant que fille aînée de cette même Eglise de Dieu ; l'horreur et la répulsion pour l'erreur et l'hérésie, surtout pour ce libéralisme funeste qui, dans ses flancs élastiques et ténébreux, renferme toutes les erreurs contemporaines, au moins dans leur principe, dans leur germe impur et empoisonné.

**

AMOUR DE DIEU ET DE L'ÉGLISE

En premier lieu, la vertu de religion, dont l'objet est Dieu lui-même honoré par l'adoration et le culte de la créature raisonnable, se manifeste dans le P. Goulouand par un zèle ardent spécialement appliqué à la magnificence du culte extérieur. Sur ce point tous les témoignages sont concordants; les éloges sont universels, unanimes, et ne tarissent point, pour ainsi dire. C'est l'impression qui nous reste des communications qu'ont bien voulu nous faire, sur ce sujet, les personnes les plus diverses, d'ailleurs, de caractère, de tempérament, de condition, et aussi de sentiments et d'appréciation personnelle à l'égard du P. Goulouand, pris dans son ensemble.

Or, le moyen, de préférence employé par lui pour procurer l'éclat du culte extérieur, celui aussi dans lequel il excellait tout particulièrement, c'était la décoration du lieu saint et surtout l'ornementation des autels aux jours de fête et dans les circonstances solennelles. Il s'adonnait à ce genre de travail avec un zèle sans borne, secondé par un goût exquis et une dextérité merveilleuse. Peu d'hommes, on peut le dire sans hésiter, portèrent à un degré aussi éminent de perfection ces trois qualités dont la réunion est nécessaire pour assurer à cette œuvre la réussite matérielle et plus encore pour lui faire atteindre son but ultime et tout spirituel qui est de porter l'âme à Dieu par le moyen des sens.

Le P. Goulouand aimait extrêmement les manifestations religieuses et les pompes du culte catholique; il s'y sentait porté par un irrésistible attrait du cœur et s'y employait de tout son pouvoir en toute occasion. Ce goût était en quelque sorte inné chez lui, puisqu'il fut bien vite discerné, on se le rappelle, par les maîtres du Petit-Séminaire où il fit ses études de latin. Là, dès les jours de son adolescence, son habileté vite reconnue, comme son zèle ardent, lui firent confier le soin d'orner la chapelle, principalement l'autel de Marie; il en fut de même plus tard au Grand Séminaire.

Quant aux maisons de la Société de Marie où il a séjourné plus ou moins longtemps, il n'en est pas une qui n'ait conservé le souvenir de ce talent tout spécial et très remarquable mis par le serviteur de Dieu au service de ce désir consumant dont il était tout embrasé pour la gloire de Dieu et la sanctification des âmes. A Montluçon, dans ces débuts toujours laborieux d'une Institution naissante, alors qu'on n'avait à sa disposition qu'une pauvre salle arrangée le moins mal possible en chapelle provisoire, le jeune Supérieur, habile à tirer parti de tout, mit en jeu tout les ressorts de son industrieuse activité pour donner jusqu'à une apparence de beauté coquette à un local si défectueux. Il y parvint pleinement.

Mettant à contribution la bonne volonté des élèves, et payant le premier de sa personne, avec cet entrain et cette joyeuse humeur qui ne le quittaient jamais, il fit faire de vrais prodiges d'art non moins ingénieux qu'improvisé. Au moyen de papier d'or, d'argent et de couleurs diverses, découpé en gracieuses arabesques sur les dessins tracés par lui et d'après ses indications, bientôt fenêtres, murs, autel, etc., tout se trouva très heureusement orné, quoique à peu de frais, comme le comportait la grande pauvreté de ces premiers temps. Des témoins oculaires nous assurent que le public ami du collège et habitué à le fréquenter, fut émerveillé de la promptitude et de la perfection avec lesquelles fut décorée cette humble chapelle provisoire, grâce au concours empressé de tous, travaillant avec l'ardeur de la plus touchante émulation sous l'œil et la direction de cet habile maitre.

A Sainte-Foy de Chartres, le P. Goulouand eut souvent encore l'occasion de manifester, pour le même objet, son zèle et son talent. Dès le début de son séjour, il prit spécialement à sa charge l'ornementation de l'autel de St-Joseph et celui de la Sainte-Vierge, durant les deux mois de mars et de mai, et il serait difficile de dire avec quel empressement, quel bonheur, quelle vraie jubilation ! A l'époque des grandes fêtes, il n'est peine, fatigue, sueurs qu'il s'épargnât pour donner à la chapelle tout entière un aspect véritablement splendide : tentures, draperies, profusion de fleurs artistement disposées, illuminations colossales, surtout pour les bénédictions du T. S. Sacrement, il ne négligeait aucun des moyens à sa disposition et rien ne lui paraissait assez beau, assez éclatant, assez riche pour adorer Dieu, honorer Marie et les Saints, rehausser la grandeur et la beauté des pompes religieuses, prosterner la créature tout entière corps et âme aux pieds de son Créateur, ou dans une sorte d'extase qui la fit rêver des magnificences invisibles du paradis.

C'était bien là, en effet, le but ardemment et même, à vrai dire, uniquement poursuivi par son âme d'apôtre. Avant tout il visait à faire de la décoration du sanctuaire un enseignement par les yeux, et cette prédication d'un nouveau genre atteignait parfois jusqu'au plus haut degré de l'éloquence qui lui est propre. On conserve encore, à Chartres, le souvenir d'un reposoir du Jeudi-Saint, admirablement composé, d'un goût parfait pour ce qui est de l'agencement des tentures, des draperies, de la disposition des ornements de toute sorte, mais surtout du plus remarquable symbolisme, en son ensemble et dans toutes ses parties : un tableau de maître, un vrai poëme en l'honneur de l'adorable Eucharistie.

Pour donner à ses créations décoratives ce caractère de muette mais réelle et touchante éloquence, pour leur faire produire ces effets tout à la fois émouvants et grandioses, le P. Goulouand, avons-nous dit, ne reculait devant aucun obstacle, aucun travail, aucun sacrifice ; il était pour cela toujours disposé à tenter, au besoin, l'impossible. Il y mettait même une ardeur souvent au-dessus de ses forces, du moins à ce que pouvaient craindre les confrères qui l'entouraient. C'est ainsi qu'un jour, à Chartres encore, le R. P. Colin, son supérieur, eut à faire usage de son autorité pour l'empêcher d'exposer sa vie en montant en haut d'une échelle, où ses jambes déjà malades auraient bien pu faiblir. Le bon religieux était d'ailleurs, remarquons-le en passant, d'une docilité si parfaite qu'il descendit aussitôt l'ordre reçu, sans faire la moindre observation, de sorte que le témoin de qui nous tenons ce fait trouva là un double exemple de zèle et d'obéissance dont il n'a jamais perdu le souvenir.

A Paris, chargé, une année, de la décoration de l'autel de la Ste-Vierge pour le mois de Marie, notre fervent mariste, dont l'amour pour notre divine Mère allait sans cesse grandissant, après avoir entretenu tout le mois une très belle ornementation, voulut ne rien épargner pour couronner dignement l'œuvre, au jour de la clôture. Dans ce but, il dressa, surtout en

vue de la bénédiction solennelle du soir, une sorte
d'échafaudage, un véritable et monumental édifice de
lumières qui montait presque jusqu'à la voûte. L'effet
en fut magnifique et parfaitement réussi ; néanmoins
la hardiesse même de l'entreprise, malgré son heureux
succès, donna tant d'appréhensions que le Supérieur
craignit d'employer à l'avenir, pour de semblables travaux, l'audacieux et infatigable décorateur.

En revanche, on lui confia le soin de veiller à l'entretien décoratif du jardin de la maison. Il entreprit
alors de faire placer une statue du Sacré-Cœur au
fond d'une allée, et se réserva, pour sa part spéciale,
d'en préparer l'encadrement. On put le voir dès ce
momment consacrer tous ses moments libres à ce
travail de prédilection et convier tout le monde à y
travailler avec lui, car lorsqu'il avait entrepris quelque besogne de ce genre, il s'y donnait toujours tout
entier. Parfois, il défaisait le lendemain ce qu'il avait
fait la veille, car il lui arrivait assez souvent d'être
peu satisfait de sa première inspiration, et il était
facile de voir que, préoccupé du chef-d'œuvre en vue,
il y pensait jour et nuit. On sentait que tout son cœur
était là et qu'à ses yeux, pour le bon Dieu et pour la
Sainte Vierge, rien ne pourrait être assez bien. En
cela, disait-il, plus qu'en toute autre chose encore,
faire tout le possible et de son mieux n'était que faire
strictement son devoir.

Après l'ardent amour pour Dieu et pour la Sainte-
Vierge Marie, qui animait le P. Goulouand dans cette
charité bien ordonnée qui était la sienne, ses prédilections les plus vives se portaient de préférence sur
l'Etre moral qui est ici-bas et sera durant toute l'éter-

nité l'objet du plus profond amour de Dieu lui-même, sur la Sainte Église, l'Épouse immortelle de tout ce qui touche, de près ou de loin, à ses intérêts sacrés. Aussi ne manquait-il jamais soit de lire, soit de demander tout ce qu'en rapportaient les feuilles publiques parmi lesquelles le journal l'Univers eut toujours ses préférences. Les nouvelles purement profanes le laissaient indifférent. Quant à ce journal honoré du nom de « véritable institution » par un illustre évêque, il lui était cher plus que tout autre, précisément à cause du zèle infatigable qu'il a toujours mis à défendre la cause et les intérêts de l'Église, donnant à ces intérêts la première place dans ses préoccupations et dans les luttes fécondes de son ardente polémique. Aussi se figurait-on difficilement la douleur de ce saint religieux quand il voyait cet organe catholique trop souvent méconnu, vilipendé par ceux-là même qui sont le plus intéressés à le soutenir, sans parler de la simple reconnaissance qui devrait leur en faire une étroite obligation.

Le P. Goulouand ne pouvait parvenir à comprendre les laïques catholiques, moins encore les prêtres et les religieux, coupables de cette noire ingratitude à l'égard des défenseurs les plus intrépides de leur mère la Sainte Église, et son cœur indigné éprouvait une invincible répulsion contre quiconque lui paraissait, même inconsciemment ou par une injustifiable légèreté, par manque de réflexion, par des préventions sans motif, faire plus ou moins chorus avec les pires ennemis de Dieu et de l'idée religieuse flagellés par les vaillants lutteurs de l'*Univers*. Il ne comprenait pas davantage qu'on osât opposer la dureté prétendue de ces fermes chrétiens à la pseudo-douceur des libéraux de toutes couleurs et de tous degrés, particulièrement de ceux qui ne craignaient pas d'accoler cette épithète malsonnante au grand nom de catholique. On sait pourtant ce qu'elle vaut la mansuétude plus que négative de ces libérâtres hautains, toujours prêts à faire sonner bien haut les mots de conciliation, de douceur évangélique, mais le fiel dans le cœur et l'écume à la bouche contre leurs adversaires.

Quant à notre amant passionné de l'Eglise et de ses vrais défenseurs, il savait très bien faire le départ des responsabilités, et montrer que dans ces luttes ardentes, chaque jour renouvelées, il est difficile, pour ne pas dire impossible de mesurer toujours exactement la portée des coups que l'on donne en réponse à ceux que l'on reçoit. Il faisait voir d'ailleurs que, dans l'espèce, les premières et plus violentes attaques, les seules injustes et souvent déloyales venaient des ennemis de l'Eglise et de son intégrité doctrinale, tandis que les nobles athlètes armés pour sa cause ne faisaient au fond que se défendre, en la défendant, en combattant pour cet objet de leur plus ardent amour. Aussi passait-il très volontiers sur les vivacités parfois un peu dures, si l'on veut, mais si justifiées qui, dans le feu du combat, jaillissaient comme malgré eux, de la plume, ou plutôt de l'âme de ces vaillants chrétiens.

Bien plus, il les excusait, les légitimait à l'occasion, par l'exemple de Notre Seigneur lui-même, flagellant les vendeurs du temple ou traitant de fils du diable, d'hypocrites, de race de vipères, de menteurs et de sépulcres blanchis, les audacieux et criminels ennemis de la gloire de son Père.

On comprend que dans de semblables dispositions, le bon P. Goulouand regardât comme une bonne fortune toute occasion qui se présentait à lui de voir et plus encore d'entretenir quelques-uns de ces publicistes si bien méritants de la cause catholique. Un jour, le premier d'entre eux, par le talent, non moins que par la fermeté des convictions et la flamme du cœur, Louis Veuillot lui-même, vint au n° 104 de la rue Vaugirard, à la résidence des PP. maristes, pour faire visite à Mgr Vitte, vicaire apostolique de la Nouvelle-Calédonie. Dès qu'il en fut informé, le P. Goulouand se mit à descendre en toute hâte, malgré l'infirmité qui ralentissait si péniblement sa marche, et vint se joindre à la compagnie.

Là, sans autre préambule, et quoique inconnu de l'éminent écrivain catholique, le Père s'approche de lui et lui dit : « Monsieur, voulez-vous me permettre de vous serrer la main et de vous embrasser ? Depuis si longtemps je désirais vous voir pour vous témoigner ma respectueuse sympathie et ma sincère admiration ! Vous me faites tant de bien, à moi-même, en soutenant si noblement et si vigoureusement la cause de la sainte Eglise notre Mère !! »

L'âme toute bretonne du P. Goulouand répugnait essentiellement à tout compromis entre l'erreur et la vérité; il repoussait avec horreur toutes ces concessions qui, sur le terrain de la doctrine, ne peuvent être que dangereuses et funestes non moins que chimériques. Quant à la lutte directe contre le mal, il était l'ennemi déclaré de ces demi-mesures, atermoiements, vaines conciliations qui sont de nature à ne rien sauver et à tout compromettre. Il y voyait, avec raison,

le signe et le résultat de l'abaissement des caractères
et du mauvais vouloir des chrétiens ignorants, intéressés et lâches. Le rôle purement défensif des catholiques français le faisait gémir ; sachant qu'une offen-
sive vigoureuse, plus conforme à notre tempérament
national est aussi beaucoup plus capable d'assurer le
succès à nos combats, il eût voulu l'action ferme et intrépide contre les attaques de l'enfer. Porter résolument
la lutte sur le terrain ennemi lui paraissait le meilleur
moyen de prendre confiance en sa propre force et de
briser dans la main des sectaires la seule arme vraiment dangereuse dont ils disposent, cette audace cy-
nique et brutale dont le principal, pour ne pas dire
l'unique aliment, est la mollesse d'un adversaire qui
s'abandonne et déserte le combat.

C'est ainsi que ce cœur si libéralement ouvert à tous,
si plein de condescendance pour les personnes, bien
que toujours inflexible sur les principes, si porté aux
ménagements d'une miséricordieuse compassion pour
les faiblesses tant soit peu involontaires, réservait
toutes les énergies d'une réprobation sans bornes aux
infâmes doctrines de la Révolution, de la libre-pensée,
et d'une fausse et malsaine philosophie. La mauvaise
foi manifeste de la plupart des ennemis de l'Eglise,
l'indignait au plus haut point, et lorsqu'il s'en produisait quelque nouvel exemple, à sa connaissance,
on voyait, à l'altération de ses traits, la peine profonde
qu'il en ressentait. Il ne pouvait s'empêcher d'en faire
part à ceux qui venaient alors le visiter, et il s'exprimait
avec tant d'âme et de feu qu'il inspirait aux esprits,
même les plus calmes, les sentiments dont il était animé ; car, suivant la pensée du poète, il ne sut jamais

« ...... Être aux méchants complaisant
Et n'avoir pas pour eux ces haines vigoureuses
Que doit donner le vice aux âmes vertueuses.
(*Misant*. Act. I sc. 1).

Il arriva parfois au P. Goulouand d'avoir à discuter avec des hommes plus ou moins atteints de libéralisme ou qui tout au moins ne partageaient pas sa manière de voir sur l'étendue de la condamnation qui a frappé cette erreur. C'est alors, comme on l'a dit avec raison, qu'on ne voyait plus en lui qu'une âme souffrante, en proie à une douleur profonde, et, pour ainsi dire, à la nostalgie de cette patrie bienheureuse qui est le séjour de la vérité complète, immuable et éternelle. — Il répétait souvent que les hommes en possession de la moitié de la vérité sont plus funestes à l'Église que les tenants de l'erreur totale. Aussi rien ne l'affligeait, ne l'exaspérait même comme d'entendre vanter certains journaux de boulevard, tristes échos d'une société déséquilibrée et sans principes, trop facilement admis dans les salons des hautes classes, et dans les familles soi-disant chrétiennes. Il s'élevait surtout contre les éloges inconsidérément donnés à certains bons articles de temps à autre semés dans ces publications méprisables pour faire plus facilement accepter de tous, des esprits légers et superficiels principalement, le poison d'une influence la plupart du temps malfaisante.

— « Voilà bien, disait-il, la détestable méthode qui consiste à mêler des paillettes d'or à du fumier, à faire figurer un sale feuilleton à côté de quelques pages inoffensives ! et les lecteurs de ces feuilles immondes osent se dire chrétiens, quand ils ne sont pas même honnêtes !! O piège infâme par lequel on prend les bons, disons plutôt les simples, les niais, par quelques lignes conformes à la vérité et au bien afin de leur inoculer ensuite à haute dose le virus de l'erreur et du mal ! — Ah ! ajoutait-il, tout ou rien ! soyons franchement au diable ou franchement au bon Dieu. On convertit un païen, on ne ramène pas, ou que très difficilement un mauvais chrétien. »

D'une indignation si légitime découlait l'impitoyable rigueur dont usait le P. Goulouand contre tous ceux de ses pénitents qui lisaient des journaux mauvais ou même simplement suspects.

Il a été dit plus haut que cet intrépide champion de la vérité et de l'intégrité de la doctrine romaine, n'avait aussi que fort peu de tendresse pour le libéralisme même le plus mitigé, celui qui n'a pas craint, à une certaine époque surtout, de se dire catholique. L'extrait suivant d'une lettre à un de ses pénitents marque clairement cette répulsion même sous la forme plaisante dont ses paroles sont revêtues.

......« Vous savez combien j'aime peu les catholiques libéraux ! Eh bien ! cher ami, je vous trouve un peu trop de cette catégorie ! J'entends que vous êtes trop *libéral envers vous-même et vos défauts*: vous leur faites trop de *concessions*. Devenez simplement catholique, chrétien, sans *épithète*..... cela ne fera aucun tort à votre avenir temporel et éternel, bien au contraire !..... »

Tel était l'amour passionné du P. Goulouand pour l'Eglise de Dieu ; telle l'antipathie profonde qu'il éprouvait pour ses ennemis. D'aucuns, il faut le dire ici, ont voulu voir dans maintes manifestations de cette antipathie, trop accentuées à leurs yeux, quelque chose d'excessif et d'outré ; ils ont taxé le Père d'exagération, de manque de mesure : reproche adressé à d'autres encore et devenu presque commun de nos jours dans la bouche d'un grand nombre, parce qu'il dispense de l'effort de l'imitation la lâcheté qui se dérobe comme l'indolence que rien ne saurait émouvoir. Cette accusation on ne peut plus agréable à l'inertie contemporaine, mais moins facile à justifier qu'à formuler est devenue en effet très fréquente en ce siècle d'anesthésie morale et d'euphémisme à outrance, où semblent être absolument démodées les viriles indignations de nos pères contre l'iniquité, où l'on ne sait plus appeler les choses par leur vrai nom. L'âme noble, droite et généreuse du P. Goulouand se prêtait mal à tous ces vils et dangereux ménagements, indignes d'un cœur chrétien, et de même qu'il sentait très vivement le désordre de l'erreur et du mal, il ne craignait pas non plus d'exprimer tout haut, sans tergiversation et sans détour, l'horreur qu'il en ressentait.

Ajouterons-nous maintenant qu'à son ardent amour pour l'Eglise, le P. Goulouand joignait un vif et sincère amour pour la France *qui en est " la Fille aînée "*? Mais chez un vrai Français, l'un peut-il aller sans l'autre ? Est-ce que le patriotisme éclairé, dans ce qu'il a de plus vrai et de plus pur, ne se rencontre pas surtout chez les catholiques, qui aiment leur patrie terrestre tout d'abord pour autant qu'elle est l'instrument des desseins providentiels dans la marche générale du monde et dans l'éducation religieuse et morale du genre humain ? Or, comment l'âme si haute de notre prêtre et apôtre, cette âme si ouverte de sa nature à tout ce qui est grand et élevé, n'eût-elle pas été particulièrement sensible au rôle privilégié, hors de pair, unique, assigné par Dieu à la France, à ce point de vue principalement. Oui, ce que le P. Goulouand

aimait et savourait avant tout dans cette Fille de prédilection de sa Mère tant aimée, la Ste Eglise catholique, c'est sa glorieuse mission de soldat du Christ,
de défenseur et de missionnaire de la Vérité. On eût
dit que le P. Goulouand s'était pieusement pénétré de
tout ce que nos Annales nationales racontent, à ce
sujet, de plus admirable et de plus touchant, depuis
le mot de St-Louis se déclarant « le bon sergent de
J.-C. » jusqu'à Jeanne d'Arc renouvelant en faveur
de Charles VII l'investiture du royaume, au nom de
J.-C. « vrai roi de France », jusqu'aux propres paroles du divin Sauveur désignant lui-même le plus illustre descendant de St-Louis par l'appellation à jamais
précieuse et bénie, de « Fils aîné de mon Sacré-Cœur »,
titre qu'aucun autre monarque de la terre ne reçut
jamais. Peut-être avait-il lu aussi les magnifiques
louanges données à la France, dans les communications surnaturelles dont fut favorisée la servante de
Dieu, Marie Lataste, et que rapporte tout au long le
volumineux ouvrage de M. l'abbé Dalgairns, hautement approuvé par l'autorité ecclésiastique. Il devait,
dans ce cas, goûter particulièrement cette recommandation de N.-Seigneur à l'humble religieuse :

« ..... Priez, priez beaucoup, ma fille, pour un
royaume contre lequel Satan frémit de rage, dans les
enfers, et qui, à la vérité, lui a porté parfois de
rudes coups.... etc... »

Avec ce sentiment élevé, délicat et tout *surnaturel*
de la véritable grandeur nationale qui constitue la
base du patriotisme dans ce qu'il a de plus réel et de
plus noble, le P. Goulouand ne pouvait guère voir
d'un bon œil, ces faux patriotes, ces déclamateurs

sectaires intéressés pour lesquels la corde patrioti-
que habilement maniée n'est qu'un instrument destiné, soit à satisfaire des haines de parti, soit à assou-
vir des appétits cupides, ou à réaliser des visées ambi-
tieuses. Il était plein de mépris pour ces hommes
tarés qui considèrent leur pays comme « une vache à
traire », une mine à exploiter, et qui pour y mieux
réussir ne craignent pas de renverser, de fouler aux
pieds la malheureuse France, de tendre même à sa
destruction totale, en la dépouillant de sa foi religieuse, du culte de ses meilleures traditions nationales, de toutes ses gloires les plus solides et les plus
pures.

Quant à sa chère Bretagne, « cette petite patrie
dans la grande », le P. Goulouand avait pour elle ce
culte de vénération et de tendresse qu'on professe non
seulement pour une mère, mais pour une intrépide et
noble adversaire de l'anarchie religieuse, politique et
sociale, toujours armée, jadis surtout, pour défendre
Dieu et ses droits, l'Eglise et ses libertés, la France
et son passé glorieux. L'épopée des luttes Vendéennes
contre la Révolution française lui arrachait, plus que
tout le reste encore, des cris d'amour et d'enthousiasme ; il en savait l'histoire par cœur et tout au long,
et félicitait sa chère Bretagne du rôle héroïque qu'une
partie de ses enfants a joué, dans ces mémorables
« combats de géants. »

Ainsi, pour le P. Goulouand, habitué à tout juger,
à tout apprécier, à tout aimer par le côté surnaturel
et conformément au poids du sanctuaire, les affections
qui, pour tant d'autres, demeurent purement humaines
et profanes sans s'élever au-dessus des régions infé-

rieures de la terre et du temps, pour lui montaient sans cesse et s'épuraient comme dans une atmosphère supérieure et toute divine. Voilà pourquoi, encore une fois, nous n'avons pas craint de placer ici au rang de ses vertus *sacerdotales*, à côté de son amour de Dieu, de l'Eglise et de la vérité, l'amour de la patrie française, considérée précisément et surtout comme instrument providentiel de Dieu, Fille bien-aimée de l'Eglise et du Souverain Pontificat, défenseur intrépide de la vérité. Pour aller plus loin encore, n'est-il pas vrai de dire que la France, par ce titre magnifique de missionnaire et soldat de Dieu, a droit au respect, à l'estime et à l'amour, non seulement de ses enfants, mais même des catholiques et principalement des *prêtres catholiques* du monde entier ?

CHAPITRE IV

LE DIRECTEUR DES AMES.

Le P. Goulouand confesseur. — Sa méthode de direction, ses procédés, son habileté, ses succès. — Connaissance des voies de Dieu.

MINISTÈRE AU SAINT TRIBUNAL

Nous venons d'énumérer sommairement et à grands traits les principales vertus et les principales œuvres sacerdotales du P. Goulouand. Mais parmi ces dernières, l'une d'elles l'emporte tellement sur toutes les autres, par son caractère exceptionnel, sa constance et sa durée, qu'elle tient une place à part et absolument prépondérante dans la vie et les travaux du saint prêtre. On devine qu'il s'agit ici de cette *Vocation toute spéciale pour le Saint Tribunal*, qui donne à cette existence si bien remplie sa physionomie pour ainsi dire personnelle, caractéristique et parfaitement conforme à elle-même par tous ses côtés, du commencement jusqu'à la fin. Elle constitue ce qu'on pourrait appeler, semble-t-il, l'unité harmonieuse de cette belle vie apostolique, et mérite par conséquent d'arrêter quelque temps notre attention : elle l'exige même.

sous peine pour nous d'ignorer le côté le plus intéressant à la fois et le plus attachant de cette vie et de cette âme d'apôtre.

Faire du P. Goulouand un confesseur, un directeur spirituel, le maintenir dans ces saintes fonctions, ou l'y ramener après de rares et courts intervalles, voilà, en définitive, le terme, le but vers lequel semblaient converger toutes les phases, toutes les péripéties de cette laborieuse carrière, tous les événements ménagés par la divine Providence pour éclairer, conduire et sanctifier le fidèle serviteur de Dieu.

C'est au confessionnal, en effet, qu'il passa la plus grande partie, nous devrions dire la presque totalité de sa vie de religieux et même de prêtre, puisque, dès les premiers temps de son ministère sacerdotal, nous voyons le jeune et ardent vicaire de Saint-Hélier donner principalement ses soins à l'administration du Sacrement de la réconciliation. Et c'est même ce zèle dévorant du salut des âmes à procurer par ce moyen qui lui fit produire alors cet acte vraiment héroïque pour un cœur tendre et filial comme le sien, dont nous avons parlé en son lieu. Plus tard, à Lyon, au sortir du noviciat, puis à Londres, et à N.-D. de Rochefort surtout, le nouveau profès contracta l'habitude des longues séances du confessionnal et fit, en quelque sorte, que l'on nous passe cette expression, l'apprentissage de ce grand et fécond ministère de la conduite des âmes qu'un illustre Père de l'Eglise appelle si justement : l'*Art des arts*.

Enfin, à Chartres, le Père confessait tous les jours, presque sans interruption, à l'exception de quelques heures, le lundi ; et à cette date, le fait suivant, entre mille autres, prouve combien il était toujours disposé à recevoir ceux qui avaient recours à ses lumières. Une dame, sachant le peu de temps libre qui restait au pauvre confesseur après ces longues séances, craignait toujours d'être importune et de le déranger sans motif suffisant. Quand il l'apprit, il lui en fit des reproches, en se comparant lui-même « à un meunier qui ne se plaint jamais d'avoir trop de sacs à vider, mais au contraire est d'autant plus content qu'il en a davantage. » Puis il ajouta : « Je passerais volontiers ma vie à ne m'occuper que d'une seule âme, si j'espérais pouvoir en faire une sainte. »

Tels furent bien, en effet, les sentiments qui l'animèrent toujours dans l'exercice de ce ministère sacré, et le portèrent à se dépenser sans mesure pour le bien spirituel du prochain, au saint tribunal de la Pénitence.

Ce zèle ardent et infatigable trouva d'ailleurs et promptement ample matière à exercice, comme nous l'avons déjà insinué plus haut. Les pénitents vinrent à lui, en nombre et de toutes parts, de loin comme de près. D'après l'estimation générale de toutes les personnes qui ont conservé le souvenir de cette époque, le chiffre des pénitents et pénitentes *en titre* qui avaient choisi le P. Goulouand pour leur directeur habituel, d'abord à Chartres, puis à Paris (car le nombre fut à peu près le même dans les deux résidences), ce chiffre, disons-nous, peut bien monter jusqu'à environ *sept cents*, ou peu s'en faut. Or, avant d'aller plus loin, signalons à cet égard, une chose vraiment extraordinaire, à peine croyable, et que l'ardente et toujours attentive charité du P. Goulouand ne suffirait pas seule à expliquer, si l'on n'y joignait encore une très spéciale grâce d'état. Comment comprendre, en effet, sans cette providentielle assistance, que le P. Goulouand pût se rappeler exactement, d'une confession à l'autre, ce qui concernait chacune de ces six à sept cents personnes en particulier, et dans le détail le plus circonstancié : ce qu'il avait entendu, ce qu'il avait lui-même dit ou prescrit, et parfois jusqu'aux propres paroles dont il avait fait usage ? surtout si l'on songe qu'un certain nombre de ces personnes se confessaient plusieurs fois par semaine ? Le fait est pourtant affirmé par de nombreux témoins.

Dans le chiffre que nous venons d'indiquer, il est seulement question des pénitents *habituels*. Il n'y faut donc pas comprendre, du moins durant tout le séjour à Chartres, cette multitude de personnes, la plupart étrangères à la ville, qui, attirées par la réputation rapidement propagée du nouveau missionnaire, venaient s'adresser à lui, une fois en passant, ou de loin en loin seulement.

A cette catégorie appartenaient toutes ces personnes habitant les campagnes voisines, et qui, venues au chef-lieu pour leurs affaires, se rendaient à Ste-Foy, sur le seul renom de ce confesseur tant vanté dans le pays, et, sans le connaître autrement, avaient coutume de le demander à la porte, par cette brève mais éloquente description : « Je voudrais bien m'adresser au *Père qui confesse tant !* » Ces pénitents composaient spécialement la *clientèle* des jours de marché, à Chartres : le jeudi et le samedi ; et le P. Goulouand disait, en parlant de cette circonstance : « Il faut bien que ces deux jours-là je ne quitte pas du tout la maison, que je sois, du matin au soir, prêt à recevoir ces braves gens, car ils n'ont pas tout le temps à leur disposition, comme les rentiers ou rentières de la ville ; ils n'ont d'ordinaire que juste le moment dérobé aux affaires qui les ont amenés en ville, ces jours de marché ou de foire. »

Son confessionnal s'ouvrait, du reste, largement à tous, sans distinction, pauvres et riches, maîtres et serviteurs, passant à tour de rôle, suivant le rang assigné à chacun par le moment même de son entrée dans la chapelle. La confiance qu'il inspirait avait sa source dans l'intérêt qu'il portait à tous ceux qui réclamaient les secours de son ministère, intérêt dont il donnait des preuves éclatantes, à l'occasion, et il était impossible de ne pas accueillir avec une docilité empressée ses décisions en les entendant sortir d'un cœur si plein de charité. Toutefois le sage directeur ne s'en reposait pas toujours sur cette douce contrainte morale. Il savait au besoin imposer sa volonté et exiger même une obéissance absolue de la part des personnes perplexes, indécises et perpétuellement dans le trouble. Nous en donnerons plus loin quelques exemples.

« Elles sont nombreuses, dit une correspondance,
« les âmes qu'il a ressuscitées à la vie de la grâce, reti-
« rées de l'abîme du désespoir et du doute ; nombreu-
« ses aussi celles qu'il a soutenues au milieu des plus
« terribles épreuves, des cruels chagrins qui broient
« le cœur ; plus nombreuses encore les âmes fidèles,
« mais stationnaires qu'il a fait progresser dans la
« vertu, et nous en connaissons qui sont devenues
« dans le monde, comme dans leur famille, des mo-
« dèles d'une véritable et solide piété ; nombreuses

« enfin celles qui, répondant à l'appel de Dieu, sont
« allées, par ses soins, s'enfermer dans un cloître pour
« y pratiquer plus parfaitement la vie d'abnégation,
« de renoncement et de contemplation, ou qui, obéis-
« sant aux généreuses inspirations de leur charité, sont
« allées se donner au soin des malades ou à l'ensei-
« gnement de l'enfance. »

C'est ainsi que, du fond de son confessionnal, « le
P. Goulouand ramenait à Dieu », dit un de ses confrères missionnaire à Chartres, à cette époque, « beaucoup plus d'âmes que nous-mêmes n'en pouvions con-
vertir dans toutes nos missions. » Il avait un talent
particulier pour réchauffer les âmes tièdes, les tirer de
leur torpeur, en les portant aux œuvres de piété et
surtout à la sainte communion souvent renouvelée.
La fréquentation des sacrements était alors, hélas !
presque totalement inconnue à Chartres et dans tout
le pays environnant. Les doctrines désolantes du jan-
sénisme qui, il faut le reconnaître, avaient particulièrement ravagé cette portion de l'Église de France, y
tenaient encore les âmes comme inertes et glacées, dans
les froides atmosphères de la crainte et de l'indifférence religieuse. Or, quelques années après l'arrivée
du P. Goulouand, en cette cité trop longtemps victime
de l'hérésie jansénienne, au moins par l'absorption
en grande partie secrète et inconsciente de ce virus
subtil qu'elle était parvenue à répandre dans le catho-
licisme lui-même, les choses ne tardaient pas à changer de face. Grâce aux douces mais pressantes et
persistantes exhortations du zélé confesseur, la ferveur générale se ranimait à un tel point que le revenu
des chaises, à la cathédrale seule, montait d'un quart,

et le nombre des communions augmentait de moitié dans toutes les paroisses de la ville, sans compter celles qui se faisaient journellement à la chapelle Ste-Foy. Le clergé paroissial s'estimait heureux de ce renouvellement de la piété dans les âmes.

Aussi bien, faut-il dire, pour expliquer ces éclatants succès, que le P. Goulouand fut un vrai maître dans l'art si difficile de la direction des âmes. Nanti de toutes les ressources qu'ajoutent à la science compétente et à d'heureux dons naturels, une haute vertu, une fidélité exemplaire au devoir, une union intime et constante avec Dieu, un zèle ardent pour le salut du prochain, il excella à conduire les fidèles, d'une main aussi exercée que ferme et sûre, du moins dans les voies ordinaires de la perfection et par les moyens à la portée de toutes les bonnes volontés et de toutes les dispositions généreuses.

C'est bien là, à ne point s'y tromper, ce qu'attestent unanimement tous les témoignages consignés plus haut ? tout ce qui a été dit sur le ministère si fructueusement exercé à St-Hélier, à Londres, à Rochefort, mais surtout à Chartres et à Paris ? Cela va paraître plus manifestement encore dans les nouveaux emprunts que nous allons faire à la correspondance du saint religieux et aux souvenirs des personnes qui firent tant de progrès sous son habile direction : paroles et souvenirs qui permettront de bien constater jusqu'à quel point de perfection, il a réalisé en sa personne l'idéal de confesseur tel que le dépeint la science sacrée.

Mais pour faciliter cette constatation, rappelons d'abord quel est cet idéal destiné à la provoquer par son simple rapprochement avec la conduite du P. Goulouand, dans la direction spirituelle.

* * *

MÉTHODE DE DIRECTION : FERMETÉ ET DOUCEUR

Le prêtre, au saint tribunal de la Pénitence, comme nous l'apprennent également la théologie morale et l'ascétisme, est à la fois père, médecin, docteur et juge. A ces titres divers, il doit être animé d'une charité sans bornes, participation de celle de Jésus-Christ ; se montrer d'une habileté consommée dans le diagnostic des maladies morales, comme dans le choix et l'application des remèdes ; posséder une science étendue et pratiquement judicieuse, pour enseigner, décider, trancher les difficultés, éclairer les doutes, etc..., enfin, jouir de cette exactitude de discernement qui sait démêler ce qu'il y a de plus confus, faire le juste partage des responsabilités, proportionner avec discrétion la peine à la faute, de la manière la plus utile aux âmes et la plus conforme à la gloire de Dieu.

Or, toutes ces grandes qualités, nécessaires à tout confesseur dans une certaine mesure, à un degré au moins suffisant, nous les voyons briller d'un très vif éclat, dans le P. Goulouand. En lui, tout d'abord, nous trouvons toujours cet admirable tempérament de fermeté et de douceur qui fait si bien resplendir en la simple créature l'image même de la conduite divine dans le gouvernement du monde. Sa douceur, du reste, ne dégénère jamais en faiblesse, ni sa fermeté pleine de force, en rigueur et dureté. Sans doute, il est père surtout, et avant tout, et avec une tendresse toute détrempée, pour ainsi dire, dans les entrailles de la charité de J.-C. C'est là comme sa note dominante, et celui de ses quatre titres de confesseur qui paraît l'emporter sur les autres. Cela ne l'empêche pas néanmoins de remplir exactement tous les autres rôles. Sa bonté paternelle ne met aucun obstacle à la promptitude pas plus qu'à la sûreté de ses décisions comme docteur et juge, et s'il se montre plein de patience et de longanimité pour les personnes, surtout pour les bonnes volontés victimes de la faiblesse et de l'entraînement, il ne transige jamais sur les principes et réserve toujours les droits de Dieu, l'obligation du relèvement par la pénitence et le sacrifice.

En lui, le médecin spirituel sait employer tour à tour ou concurremment l'huile des douces exhortations et le vin des réprimandes sévères, à l'exemple de ce bon Samaritain qui, dans l'Evangile, nous est présenté comme la figure fidèle de Notre Seigneur lui-même. Rempli de compassion et prodigue de paternelle indulgence pour les pas chancelants des nouveaux convertis, aimable en ses encouragements pour les pénitents dociles et généreux, il ne craint pas de résister énergiquement aux esprits opiniâtres, trop occupés ou trop pleins d'eux-mêmes ; et de tous, sans exception, il exige comme première et indispensable condition de son ministère auprès d'eux, *l'obéissance*, une obéissance aveugle et absolue, une docilité entière à l'impulsion qu'il voudra leur imprimer.

Mais quelques exemples feront ressortir, mieux encore que toutes les paroles, les procédés variés du

P. Goulouand à l'égard de ses différents pénitents : — A une âme raisonneuse et trop attachée à ses propres idées, surtout dans les commencements de ses rapports avec lui, au confessionnal, il répondit un jour :

« ...Oh ! vous avez trop d'esprit pour moi : je ne puis prétendre à l'honneur de vous conduire ; si vous voulez persister dans cette manière d'agir, voyez à vous pourvoir ailleurs... »

— « Et combien cela m'humilia salutairement ! » nous disait confidentiellement cette personne.

Une autre fois, dans le but de vaincre un orgueil obstiné et d'obtenir une résolution regardée comme nécessaire, un sacrifice manifestement demandé par Dieu, l'énergique directeur n'hésitait pas à priver sa pénitente de la sainte Communion, durant l'espace de six mois, du moins habituellement, et à deux ou trois exceptions près, accordées à de rares intervalles ; de telle sorte que ce fût trop peu pour contenter la faim spirituelle, assez pour empêcher l'âme malade de défaillir entièrement, la tenir en haleine et la pousser à la générosité requise en provoquant un plus grand désir de la nourriture divine.

Et comme cette âme tirée en sens contraire, et par son attrait puissant vers le service de Dieu et la réception de l'Eucharistie, et par sa répugnance profonde pour le sacrifice exigé, disait un jour à ce directeur inflexible :

« Mais, mon Père, je suis par trop malheureuse, vous devriez au moins me dispenser d'assister à la Sainte Messe, dans ces conditions, car je souffre trop en voyant les autres s'approcher de la Sainte Table, tandis que vous m'en tenez cruellement éloignée. »

— « Vous souffrez ? C'est précisément ce que je veux. » lui

fut-il répondu. « Oui. loin d'éviter ce spectacle, regardez-le bien, au contraire, et de tous vos yeux... peut-être finirez-vous par rougir de votre indigne lâcheté qui, par votre faute uniquement, vous prive d'un si grand bien. »

Et le zélé directeur persévéra inflexiblement dans cette ligne de conduite dont la justesse et l'opportunité furent d'ailleurs pleinement justifiées par l'événement, car la résistance de la mauvaise nature fut enfin vaincue et le sacrifice exigé, accompli sans réserve.

Aussi la récompense ne se fit pas attendre : ce fut la communion fréquente, quotidienne même, accordée à cette âme qui venait d'entrer enfin, avec résolution et générosité dans les voies de Dieu.

La victoire de la grâce, il est vrai. n'était pas toujours ni aussi prompte, ni aussi facile ; parfois même, rien ne permettait de l'espérer considérable et féconde ; c'est que l'habile confesseur savait tout d'abord discerner et prévoir les dispositions générales de ceux qui s'adressaient à lui, et il variait ses moyens et son action suivant ce que lui révélait cette connaissance préalable. Avait-il affaire, par exemple, à des âmes timides, faibles par tempérament, ou par suite de mauvaises habitudes, irrésolues, sans vigueur et sans ressort, dépourvues en un mot de toutes ces ressources qui seules permettent d'espérer, avec le travail et l'effort, de grandes et fortes œuvres, alors, comme une mère compatissante pour un enfant rachitique, le bon directeur se contentait de distribuer une nourriture légère, proportionnée à la débilité de ces estomacs malades. Ce n'était que le lait et le miel des encouragements et des douces exhortations.

— « Pauvre âme, disait-il, avec une tendre compassion, il
« faut qu'on la porte, elle ne sait pas marcher toute seule.
« Cela n'est pas étonnant : elle ne veut être nourrie que de
« confitures et de bonbons spirituels, toutes choses incapa-
« bles de nous fortifier contre nous-mêmes. »

Par contre, voyait-il venir à lui des âmes chez lesquelles beaucoup d'imperfections, beaucoup de défauts,
même considérables, se trouvaient mêlés aux précieuses ressources d'une puissante énergie intime et d'une
grande bonne volonté, le P. Goulouand alors s'appliquait à travailler ces âmes merveilleusement, et sans
relâche, jusqu'à ce que les ayant dépouillées de toute
recherche personnelle et de toute volonté propre, il
pût les jeter enfin et pour toujours dans les bras de
Dieu, mortes à elles-mêmes, purifiées de toutes les
scories des passions et des vices, pleinement dociles
à toutes les manifestations du bon plaisir divin.

Mais avant d'en arriver là, que d'efforts, que de
luttes, que de coups violents et répétés contre toutes
les résistances du vieil homme !... Le sage et expéri-
menté capitaine commençait toujours par attaquer à
fond le chef de l'armée ennemie, l'orgueil, et il n'y
allait pas de main morte.

Une de ses pratiques ordinaires, en pareil cas, lorsqu'il ne trouvait pas dans le pénitent la docilité qu'il
attendait, c'était de fermer brusquement le guichet du
confessionnal sur ces personnes momentanément récal-
citrantes et par ailleurs, néanmoins, fortes et coura-
geuses, c'est-à-dire jugées dignes de cette mesure par
leur indocilité et capables, par leur énergie native, d'en
porter l'humiliation sans faiblir, et avec fruit pour
leur amendement spirituel.

L'une d'elles, un jour, lorsqu'elle était encore depuis peu de temps sous la conduite du P. Goulouand, fut traitée de cette manière, et, peu satisfaite d'un procédé tout nouveau auquel rien jusque-là ne l'avait préparée, elle se retira en maugréant. Dans son dépit elle écrivit ensuite au confesseur qui lui paraissait si dur, une lettre plus que vive pour se plaindre amèrement de cette façon d'agir à son endroit.

La réponse était anxieusement attendue ; mais... vaine attente ! de réponse, point !.. Malgré son impatience fiévreuse, de jour en jour, d'heure en heure accrue, l'intéressée se résigna néanmoins à attendre encore un peu. Mais, à la fin, comme le confesseur faisait toujours la sourde oreille, et avait tout l'air de ne plus penser le moins du monde à l'incident, sa pénitente, n'y tenant plus, se décida à aller le trouver elle-même. Elle l'aborde donc, et sans autre préambule :

— « ... Mon Père, n'auriez-vous pas reçu ma lettre ? »

— « Je crois bien que si ; il m'est venu, en effet, une espèce de brouillon écrit avec du vinaigre ou même avec du fiel, plutôt qu'avec de l'encre. »

— « Mais pourquoi ne m'avez-vous pas répondu ? »

— « Vous répondre ! dans cette circonstance ?... Répondre à semblable factum inspiré uniquement par l'orgueil, tout bouffi d'orgueil !... Allons donc ! je m'en serais bien gardé ! j'ai autre chose à faire que de m'occuper d'une fille si pleine d'elle-même. »

— « Mais enfin, mon Père, avouez aussi que le traitement que vous m'avez infligé...

— « Est encore trop bénin et trop doux pour vous, car j'en ai usé de même avec d'autres qui ne le méritaient pas autant. Et ces personnes-là, du moins, lorsque je juge utile de les traiter de la sorte, tiennent une autre conduite que vous ; elles savent faire preuve d'un peu de cœur et d'humilité ; elles restent là pour réfléchir, prier, rentrer en elles-mêmes et se corriger; elles attendent patiemment que je leur ouvre de de nouveau... Mais vous, au contraire, vous êtes partie aussitôt, tout en colère, comme un chat fouetté ! »

Et la personne de qui nous tenons cette ouverture confidentielle, ajoutait à ce récit l'affirmation suivante : cette humiliation et d'autres de ce genre me furent on ne peut plus profitables. De fait, elle progressa rapidement dans les voies surnaturelles, sous la conduite d'un si habile maître, dont elle conserve aujourd'hui le souvenir le plus reconnaissant et le plus enthousiaste.

Parfois l'orgueil plus obstiné, plus invétéré ne cédait pas si facilement la place ; il fallait le combattre pied-à-pied, sans relâche, emporter ses positions une à une pour en venir plus sûrement à bout, pour forcer ce redoutable ennemi jusque dans ses derniers retranchements. Ce « *maistre ès déduicts spirituels* » ne craignait pas de recourir alors à des procédés qui pourraient paraître, de prime abord, un peu bien extraordinaires, si l'on ne savait d'ailleurs qu'il en usait avec beaucoup de discrétion, suivant les personnes à qui il avait affaire.

Ces sacrifices parfois très durs, toujours plus ou moins laborieux, souvent demandés, exigés ; cette lutte incessante contre la nature corrompue par le péché d'origine : ces coups vigoureux portés aux vices, aux défauts, à toutes les mauvaises tendances ne laissaient pas, on le comprend, de produire maintes fois, dans les âmes ainsi *attaquées*, de vives souffrances intimes et de douloureux combats, qui se manifestaient au-dehors par des larmes.

C'est même souvent, nous assure-t-on, que les pleurs et les sanglots se faisaient entendre au confessionnal du P. Goulouand. Mais lui ne voulait pas de cette faiblesse, et, provoquant sans cesse les âmes à l'acquisition de la vraie force chrétienne, désireux de leur donner une trempe généreuse et virile, allait jusqu'à interdire ces sortes de larmes ; et s'il n'espérait pouvoir réussir à les empêcher directement, il tâchait de les tarir par le ridicule et la moquerie :

« Que signifient tous ces larmoiements, disait-il ?... qui m'a donné une fille pleurnicheuse comme cela ?... Voyez un peu la figure que vous faites !... vraiment, vous êtes à peindre !... N'avez-vous pas honte de geindre ainsi comme les petits enfants, pour une bagatelle, pour un bobo ?... Allons ! de grâce, laissez-moi toutes ces niaiseries, indignes d'une âme chrétienne. »

Ainsi parlait et agissait le P. Goulouand pour pousser les âmes à entrer généreusement, sans défaillance et sans regret, dans les voies de l'abnégation chrétienne. Et cependant, il ne se contentait pas de demander ou même d'exiger, mais en paroles seulement, les sacrifices intérieurs jugés utiles et opportuns, encore moins la seule promesse vague et dilatoire de les accomplir plus tard. Il avait l'œil et même, parfois, la main à tout. L'extérieur de la personne dirigée ne lui échappait pas plus que son intérieur. Remarquait-il dans celui ou celle qu'il avait entrepris de conduire à la perfection et qui paraissait capable d'y atteindre, quelque chose de peu conforme à la simplicité et à la modestie chrétiennes, dans la tenue, l'habillement, la parure, sur l'heure il en exigeait le retranchement.

S'il s'agissait d'un ornement, d'un détail de toilette facile à enlever, il voulait que ce fût fait à l'instant même. S'il s'agissait, au contraire, d'une pièce plus importante, plus considérable et qui ne pût être détachée de suite, sans exposer la personne au ridicule, sans attirer l'attention sur elle, dans la rue, il exigeait la promesse formelle de s'en défaire dès qu'on serait arrivé chez soi. Le bon Père pressait cette élimination, du reste, avec sa rondeur et sa verve accoutumées, ne craignant pas d'assaisonner ses proscriptions de plaisanteries, voire de railleries qui, augmentant la confusion du délinquant, lui faisaient prendre une résolution plus énergique de ne plus s'y exposer à l'avenir.

« Que signifient, disait-il, tous ces colifichets, ces hochets d'une ridicule et puérile vanité ? Voulez-vous bien me faire disparaître tout cela !... Avec cette profusion de verdure et de fleurs sur votre personne, ne vous prendrait-on pas pour une plate-bande de parterre ?... n'y aurait-il pas de quoi donner à brouter à toutes les chèvres du pays ?... et ces rubans, ces plumes, ces broches, ces nœuds, etc.... tout cet attirail ne vous donne-t-il pas un faux air d'étalage ambulant ?... »

Puis passant, pour porter le dernier coup, " du plaisant au sévère " :

« Comment, ajoutait-il, vous prétendez à la gloire de suivre Notre Seigneur; vous voulez, dites-vous, imiter la Sainte Vierge sa mère, et c'est ainsi que vous vous attiffez !... Est-ce donc à Bethléem ou à Nazareth, que vous auriez trouvé, par hasard, le modèle, l'exemple de ce luxe déraisonnable, de ce sot amour de la parure, etc... »

Il fallait donc promettre de s'amender sur ce point, comme sur les autres ; pas moyen de reculer ou de biaiser : le confesseur se montrait inflexible, et en fait de promesses, comme nous l'avons insinué ci-dessus, le P. Goulouand n'était pas homme à se payer de paroles ; il entendait bien que les actes y répondissent sans délai, et pour mieux obtenir ce résultat, il faisait prendre des engagements très affirmatifs, très catégoriques qu'on ne pouvait bonnement éluder ensuite sans encourir une sorte de déshonneur. Ainsi, lorsqu'il était question d'amener une âme à consentir des sacrifices petits ou grands, par exemple ceux dont nous venons de parler, et d'autres, tout intérieurs, d'ordinaire bien plus difficiles encore, notre prudent et énergique directeur s'exprimait, à peu près, en ces termes :

— « Eh bien ! mon enfant. ma fille. voulez-vous faire ce que je vous demande maintenant. au nom de Dieu ?.. »

Si la réponse tardait à venir :

— « Vous ne répondez pas ?.. C'est donc, sans doute. que vous êtes trop lâche !.. Dans ce cas. je vous laisse. je vais vous renvoyer jusqu'à ce que vous ayez plus de caractère et de résolution... Voyons ! encore une fois. ce que je dis, le ferez-vous, oui ou non ? »

Souvent, alors, pour parer à la menace de renvoi. le pénitent se décidait à faire entendre un oui, mais un oui faible, timide, hésitant, à peine prononcé du bout des lèvres :

— « Ce n'est pas ça qu'il me faut ! reprenait le Père : que signifie ce misérable oui qui semble arraché par force ?.. C'est comme si vous ne me disiez rien du tout. Est-ce donc ainsi qu'on y va au service de Dieu. avec tant de mollesse et si peu de spontanéité ? »

— « Eh ! mon Père ! comment voulez-vous donc que je dise ?

— « Voici ce qu'il faut dire, et non pas de bouche seulement, mais du fond du cœur, fermement et avec entrain : « Mon Père, je suis dans la détermination arrêtée, absolue, d'accomplir avec le secours de la grâce, ce que vous me demandez ; j'en fais en ce moment la promesse très formelle. »

A tout prix, il fallait en venir là. Mais aussi, une fois le sacrifice consenti et exécuté, le zélé confesseur, tout heureux de cette victoire de son Dieu sur l'épouse dont Il lui avait confié le soin, se faisait toute douceur, toute bonté, toute consolation pour cette âme qu'il se disposait par là, à conduire, en temps opportun, à de nouveaux triomphes, à une plus haute et plus sublime perfection.

Au demeurant, la bonté accompagnant toujours la fermeté, telle est bien la note dominante de la direction spirituelle du P. Goulouand. En lui, ces deux qualités nous apparaissent comme inséparablement unies et dans de nombreux passages de sa correspondance et dans le souvenir des personnes qui en ont été l'objet. Les uns et les autres nous apprennent comment l'habile directeur, après avoir maté, comme il vient d'être dit, la première et la plus dangereuse des concupiscences, l'orgueil, savait compléter son œuvre et établir la plénitude de la vie spirituelle dans les âmes, par l'enseignement incessant d'une mortification universelle dont il donnait lui-même l'exemple, et qui, bien pratiquée, devait amener infailliblement la ruine des deux autres grands obstacles à la rénovation de l'homme intérieur : la sensualité et la cupidité sous ses différentes formes.

Il y procédait avec une fermeté inflexible toujours

sévère et même rude parfois, suivant les personnes et
les circonstances ; mais tempérée, en tout état de cause.
par une bonté toute paternelle. une pénétrante suavité
de conseil et d'exhortation. Ce qu'il recommandait
chaleureusement à tous, c'était la mortification et le
renoncement ; plus exigeant pour certaines âmes
d'élite, il allait jusqu'à leur demander la joie, l'entrain.
la gaieté même, dans les souffrances. les maladies.
les revers de toute sorte, conformément à la doctrine
spirituelle d'un saint Jésuite italien du XVIIe siècle,
le P. Pinamonti, confesseur émérite, de son vivant,
et que le P. Goulouand (on en a des preuves certaines)
avait pris pour guide et pour modèle dès les débuts de
son ministère. Tout porte à croire qu'il avait fait son
vade-mecum de l'ouvrage de cet auteur. intitulé : « *Le
Directeur dans les voies du salut.* » L'un des indices
les plus frappants de ce fait. c'est la conformité parfaite, et pour parler ainsi. *textuelle*, de la conduite du
P. Goulouand à l'égard de certains malades, et de
celle qu'il tenait lui-même dans ses propres maladies,
avec les recommandations du chapitre XIXe de cet
ouvrage où il est traité : « de la mortification que le
« directeur pourra prescrire dans le temps de la
« maladie. »

Qu'on en juge plutôt par la simple confrontation de
la théorie de l'un et de l'application que l'autre en fait.
dans la pratique. Après quelques considérations sur
la haute estime qu'il faut avoir pour la mortification
involontaire occasionnée par la maladie, les mérites
immenses qu'on peut acquérir en usant bien de cet
état, etc.... le saint confesseur italien ajoute :

« Premièrement, il faut *recevoir la maladie avec un
visage gai, et non un air chagrin,* que le mal ne soit qu'in-
commode ou qu'il soit douloureux. On reçoit la maladie avec
gaieté lorsqu'on la regarde des yeux de la foi, etc ..... »

Le P. Pinamonti indique ensuite la manière de
faire pratiquer au pénitent malade les vertus d'espérance et de charité, le moyen de réprimer les plaintes,
l'impatience, etc., puis il recommande aux confesseurs de ne pas tolérer que le malade manque de soumission au médecin ou aux personnes chargées de le
soigner.....

« Voilà, dit-il, ce qu'un directeur ne doit point souffrir ;
« quand il le sait, qu'il exige, pour le moins, une exacte *obéis-*
« *sance au médecin et à ceux qu'il charge du régime de*
« *vie qui convient au malade,* de crainte qu'en suivant ses
« goûts, l'âme ne devienne plus infirme que le corps. »

Et le sage directeur appuie ces recommandations
et ces préceptes de l'exemple des saints, qui, comme
St-Bernard, s'abandonnaient dans leurs maladies
entre les mains de ceux même qui ne savaient pas
connaître leur mal et y apporter les remèdes convenables.

Ainsi : 1º Gaieté dans l'acceptation et le support des
maladies ; 2º Soumission absolue aux médecins dans
l'usage des remèdes prescrits : voilà deux points très
clairement exprimés par le P. Pinamonti.

Or nous les retrouvons tous les deux couramment
mis en pratique par le P. Goulouand, toujours très
empressé à visiter ses pénitents dans leurs maladies.
En voici, entre nombre d'autres, un témoignage très
précis et très authentique, qui se rapporte au premier
cas :

Une personne, depuis quelque temps déjà sous sa conduite, souffrait un jour de très violentes douleurs causées par un rhumatisme articulaire qui ne lui laissait ni repos, ni sommeil, ni aucune liberté d'esprit. Averti, le charitable directeur vint, en compagnie d'un confrère, visiter sa pénitente. Mais comme elle ne lui parut pas faire assez bon visage à la souffrance, il s'indigna et se fâcha presque :

« Voyons, dit-il, je veux de la gaieté, de l'entrain, le sourire et l'amabilité dans la conversation comme à l'ordinaire. »

Et comme la pauvre patiente, malgré ses efforts, n'y pouvait guère parvenir, que même la douleur lui arrachait parfois quelques gémissements :

« Que signifie ceci, ajoutait le sévère directeur, qui m'a donné une fille semblable, hors d'état de supporter quoi que ce soit, geignant pour le moindre bobo ?... Est-ce là être disciple de Jésus-Christ, et prétendre à l'imitation de la Reine des martyrs ? Puisqu'il en est ainsi, je ne resterai pas plus longtemps ; je m'en vais, et ne reviendrai que lorsque je vous saurai devenue plus raisonnable et plus chrétienne. »

Cette conduite et ces paroles pourraient peut-être sembler dures, à première vue, mais il est bon de se rappeler que le Père n'en usait pas ainsi indifféremment avec tout le monde ; en l'occurence, il savait fort bien qu'il avait affaire à une âme généreuse et fortement trempée, capable d'entendre avec fruit, pour son avancement, ce langage énergique, et de faire les plus méritoires efforts pour s'y conformer de son mieux. Aussi, le confrère témoin de cette scène ayant jugé à propos d'intervenir pour réclamer un peu d'indulgence, au moins pour le moment, eu égard à l'acuité de la

souffrance, ne put rien obtenir, rien faire relàcher
d'une sévérité voulue à bon escient et en connaissance
de cause.

— « Mais, mon Père, insista-t-il, vous voyez bien qu'à
cette heure elle est comme à la torture, cette pauvre enfant !
Excusez-la un peu, je vous prie : elle fera mieux et vous don-
nera toute satisfaction lorsque la douleur sera moins vive. »
— « Non, non, pas d'excuse pour elle ! pas d'échappatoire
admissible ! Elle a reçu de Dieu tant de grâces qu'elle devrait
se montrer plus généreuse et moins ingrate. »

Telle était la fermeté inflexible du P. Goulouand
lorsqu'il était bien convaincu du grand profit spirituel qu'il pouvait procurer par ce moyen à une âme
courageuse et forte. Il n'était pas moins pressant, à
l'occasion, pour ce qui concernait l'obéissance aux
prescriptions du médecin, y voyant justement un exercice parfois très méritoire des vertus de renoncement
et de mortification. C'est surtout lorsqu'il s'agissait
d'une médecine amère ou autrement désagréable qu'il
se faisait un devoir de ne pas transiger. Il comman-
dait alors d'un ton d'autorité qui n'admettait ni répli-
que, ni délai, et si, malgré tout, les répugnances par
trop vives du malade retardaient tant soit peu l'obéissance :

— « Puisqu'il en est ainsi, disait-il, puisque vous avez si
peu de bonne volonté et de courage, et bien ! je vais la prendre, à votre place, moi, cette médecine qui vous paraît à
ce point redoutable. »

Et des personnes dignes de foi affirment que, joignant
aussitôt l'acte à la parole, il lui arriva effectivement,
plusieurs fois, de boire les potions les plus amères

sous les yeux de ses malades peu soumis, pour les porter à rougir de ce qu'il appelait leur lâcheté et leur inspirer, à l'avenir, plus de courage et de résolution.

Du reste, les procédés que nous venons de signaler en dernier lieu, n'étaient, au fond, que l'application à des cas tout particuliers et plus difficiles d'un système général basé sur cette parole de l'Écriture que le saint religieux paraît avoir eue en singulière estime : « *Hilarem datorem diligit Deus.* » Dieu aime le joyeux donneur. Disciple, en cela spécialement, de l'aimable saint François de Sales, il voulait que, dans le service de Dieu, tout portât l'empreinte de cet entrain, de cette gaieté, de cette « *joyeuseté* » dont il fut toujours le premier à donner, en toute rencontre, le salutaire et attrayant exemple. Entre mille preuves qu'on en pourrait donner, et qui émaillent toute sa vie, bornons-nous ici à cette simple citation extraite de sa correspondance :

« Ne craignez pas que je veuille, écrivait-il un jour à une de ses pénitentes, vous surcharger de pratiques de piété. Oh ! non. Je veux surtout vous aider à bien sanctifier vos actions, même les plus ordinaires, en les faisant par amour pour Dieu. Je voudrais vous inspirer à tous la *piété aimable* qui fait tant de bien à ceux qui la pratiquent et porte à la vertu ceux qui en sont les heureux témoins. Je voudrais, enfin, *vous apprendre à servir Dieu, dans la joie de votre cœur*, et non par contrainte, et comme de force.... »

Du reste, c'est bien à ce terme de douceur, d'amabilité, de bonté qu'aboutissait toujours en définitive la direction du cher Père, même la plus sévère en apparence dès le principe. Sans doute, il parle et avec force et avec une constante énergie, comme sa corres-

pondance en fait foi, « de *mortification*, de *renoncement*, d'*efforts persévérants*, de *violence* à se faire, de
peine à se donner, de *croix* à porter, etc.., etc... ; »
mais comme, en même temps, il sait se faire paternel
et tendre pour exhorter, pour encourager, pour re-
lever avec non moins de suavité que de force lorsque
la croix paraît lourde à la nature défaillante, et que
l'âme est d'ailleurs pleine de bonne volonté et animée
de saints désirs ! C'est toujours, on le sent, le si doux
et si attrayant saint François de Sales qu'il s'efforce
d'imiter, comme il en propose l'imitation à tous ses pénitents, ayant sans cesse à la bouche les paroles ou les
exemples du saint évêque de Genève. C'est là le témoignage aussi spontané qu'unanime rendu à sa
mémoire par ceux qui furent jadis sous sa conduite :
Force et douceur, énergie invincible et tendresse
maternelle, il les a combinées, on peut le dire, et pon-
dérées l'une par l'autre dans un admirable tempérament, comme nous croyons l'avoir assez démontré
tantôt, en présentant successivement aux yeux du
lecteur les divers côtés de cette riche nature, et ses
différentes façons d'agir sur les âmes pour les mener
à leur fin surnaturelle.

De tout ce qui vient d'être exposé, il ressort et très
clairement que notre cher directeur possédait à merveille, par devers lui, cet art, cette science éminente
de la conduite spirituelle des âmes et qu'il savait en
varier les pratiques, les procédés, les maximes suivant la diversité des personnes, des besoins, des circonstances, etc. Et ces différentes façons d'agir elles-
mêmes ne provenaient pas du hasard ou de l'inspiration du moment, mais paraissaient découler (tant on

les trouva toujours pleines de décision, d'enchaîne-
ment et de suite) d'une *méthode certaine*, connue,
approfondie et invariable en ses grandes lignes.

Cette méthode n'est autre que celle des plus grands
maîtres en cet art sublime qui est la direction des
âmes. Par une étude constante, ininterrompue, notre
saint directeur s'en était parfaitement assimilé la doctrine et l'esprit ; puis fécondant par la prière, la ferveur de la vie religieuse et les ardeurs de la charité
divine, les principes de cette haute science morale et
mystique, il avait pu réaliser en ses paroles et en ses
œuvres, en toute sa personne enfin, le type achevé du
confesseur idéal.

Dès lors faut-il s'étonner du crédit extraordinaire,
de la réputation et des immenses succès du P. Goulouand comme confesseur et directeur des âmes ?..
s'il fit naître une telle estime, provoqua une telle confiance, exerça un tel ascendant, nous devrions dire
une telle fascination et vit accourir à son confessionnal un tel concours de peuple ? — si enfin (car les
faits sont encore là pour en témoigner) il produisit par
la grâce de Dieu unie à son zèle infatigable, à son
dévouement sans bornes, à sa fermeté invincible et à
son inaltérable douceur, des fruits sans nombre de
salut et parfois de véritables chefs-d'œuvre de rénovation et de sanctification ?

Non, si le lecteur a bien voulu nous suivre attentivement dans le cours et le détail de cette belle vie apostolique, il ne s'étonnera nullement d'y rencontrer de
si magnifiques fruits de grâce et de bénédiction ; bientôt, au contraire, il en viendra à comprendre comme
nous l'enthousiasme en apparence et de prime abord

exagéré de nombre de personnes qui l'ont particulièrement connu et pratiqué, une vénération telle
qu'elle va presque jusqu'à une sorte de béatification
populaire, formulée par cette comparaison éloquente
que nous avons entendu nous-même sortir spontanément de la bouche de plusieurs, d'ailleurs très divers
de caractère et de tournure d'esprit : « le Père
Goulouand, c'était comme un second curé d'Ars,
une doublure du saint curé d'Ars ! ».

CHAPITRE V

LE DIRECTEUR DE COLLÈGE — L'ÉDUCATEUR

(1853-1860)

Le P. Goulouand fondateur et premier Supérieur de l'Institution Saint-Joseph, à Montluçon. — Ses qualités d'éducateur, de maître de pension, de Directeur spirituel. — Ses rapports avec les élèves, leurs parents, les personnes étrangères à la maison. — Sa manière d'agir à l'égard de ses confrères et collaborateurs.

L'INSTITUTION SAINT-JOSEPH

L'exercice du ministère sacerdotal auprès des fidèles, par la prédication et surtout par la direction des âmes au tribunal de la Pénitence, voilà, avons-nous dit, ce qui constitue la plus longue, la principale partie de la carrière apostolique du P. Goulouand. Toutefois, il est un aspect nouveau sous lequel cette édifiante vie sollicite l'attention du lecteur, avant que le dernier chapitre n'en complète le récit. Il s'agit d'un ministère à part et tout autre, qui parachève admirablement la physionomie morale du saint religieux, bien qu'il occupe dans cette existence si bien remplie une place assez restreinte et en quelque sorte épisodique, si l'on considère seulement le petit nombre d'années qu'il y consacra. Nous voulons parler de son ministère d'éducateur de la jeunesse, dans les importantes fonctions de supérieur, puis de directeur spirituel de collège, fonctions qu'il exerça, à l'entière satisfaction de tous, l'espace de six à sept ans, dans l'intervalle qui sépare son séjour à N.-D. de Rochefort, de sa résidence à Chartres, de 1853 à 1860.

Ce fut en effet, en 1853, peu de temps après la conquête d'une liberté d'enseignement encore partielle, hélas ! et par trop relative, que les premiers supérieurs du zélé missionnaire, faisant violence à son humilité, jetèrent les yeux sur lui pour l'honorable mais épineuse mission de fonder une maison d'éducation chrétienne. Nouveau et plus difficile champ d'action où devaient briller du plus vif éclat le zèle, l'activité, la bonté, le tact et toutes les autres qualités précieuses qu'il nous a été donné d'admirer chez le P. Goulouand, sur des théâtres d'une autre nature. Les débuts de toute œuvre importante sont d'ordinaire pénibles, surtout lorsqu'il s'agit d'une fondation à larges bases, en vue d'un développement ultérieur plus ou moins rapide ou considérable. Mais préparé de longue main, par une parfaite pratique de l'obéissance à l'art si difficile du commandement, le nouveau chef d'Institution va donner la preuve qu'il est capable d'occuper le premier rang et de diriger habilement comme supérieur, dans la mesure même où tout d'abord il a été fidèle à vivre et à travailler humblement, en sous-ordre et avec une entière dépendance, comme sujet. Le moment paraissait d'ailleurs bien choisi pour demander à ses facultés intellectuelles et morales pleinement développées tout ce qu'elles pouvaient produire de meilleur. Jeune encore (trente-quatre ans) plein de vigueur, de résolution et d'entrain, jouissant d'une santé au moins suffisante, car elle ne fut jamais parfaite, et mûri déjà dans la connaissance du monde et le maniement des esprits par des ministères nombreux, variés, en plusieurs pays très divers de population, de langue, de mœurs, d'habitudes religieuses, etc., tel était le P. Goulouand, à son arrivée à Montluçon, en octobre 1853.

*
* *

Cette ville, centre important de commerce et d'industrie, n'avait pas alors de pensionnat religieux pour l'enseignement secondaire de sa jeune population masculine. Cette lacune contrariait beaucoup de parents qui n'acceptaient qu'à regret et faute de mieux, pour leurs fils, le collège laïque et universitaire de la localité. D'autres, plus désireux encore d'une vraie et solide formation religieuse pour leurs enfants, « se résignaient, non sans peine, à s'en séparer, pour les envoyer recueillir le bienfait de l'éducation chrétienne, à Iseure, Ajain ou autres localités plus favorisées, mais dont l'éloignement semblait, alors, d'autant plus grand que la ville n'était pas dotée encore de ses voies ferrées, pour abréger les distances. » (1)

« C'est alors qu'un saint prêtre du pays, Monsieur l'abbé Guilhomet, curé de Notre-Dame, répondant au

____

(1) Extrait du Rapport annuel de « l'*Association Amicale des anciens élèves.* »

vœu de son cœur et à celui des familles chrétiennes,
se rendit à Lyon (au mois de juillet 1853) pour solliciter auprès des supérieurs de la Société de Marie la
fondation d'un collège, à Montluçon. Un pieux pres-
sentiment lui disait, à ce vénérable prêtre, curé
d'une église et d'une paroisse dédiées à Marie, que la
Sainte Vierge tenait là, en réserve, les maîtres appelés
par tant et de si ardents désirs. Aussi, en face des difficultés et des hésitations bien naturelles qui devaient
accueillir sa requête, voyait-on l'infatigable solliciteur
gravir, chaque matin, la colline de Fourvières, et là,
prier avec toute la ferveur de son âme, pendant qu'on
délibérait sur la grande affaire qui le retenait dans
cette ville. »

« Un zèle aussi constant méritait une récompense :
le bon curé eut enfin la satisfaction d'apprendre que le
collège était accordé, et quand il revint de Lyon, avec
la promesse si désirée, la nouvelle s'en répandit rapidement dans le pays. » (1) — Quelques prospectus
furent lancés, un peu à la hâte, et le 17 octobre suivant, dit un autre document, une cinquantaine d'élèves venaient s'asseoir sur les bancs du nouveau collège.

Le P. Goulouand amenait avec lui, comme *compagnons d'armes*, on peut le dire, huit confrères intrépides,
tous hommes de cœur et de bonne volonté, décidés à
combattre vaillamment, sous ses ordres, les bons
combats du Seigneur. A qui leur eût demandé alors,
dit un ancien élève dans un article élogieux sur le
fondateur du collège St Joseph, à qui leur eût demandé:
« Sur quoi comptez-vous pour mener à bien votre

---

(1) *Bulletin de l'Association amicale des Anciens élèves.*

difficile entreprise ? ils auraient pu répondre, avec le célèbre apologiste Lactance :

Hæc duo sunt nobis carmina : Crux et Amor. (1)

« Et vraiment, porter la croix journalière du religieux, aimer les jeunes gens qui sont l'espoir de l'Eglise et du Pays, les aimer comme les aime le divin Sauveur, parce qu'ils ont des âmes immortelles rachetées de son Sang, oui, voilà le charme puissant, l'enchantement merveilleux, *Carmina*, qui, dans les mains de nos premiers maîtres va triompher de toutes les difficultés et faire des prodiges.

« Cette vie de renoncement à soi-même et de dévouement, *Crux et Amor*, le chef de la petite colonie, en sera le modèle durant les cinq années de son supériorat, et la communauté naissante, s'inspirant de son esprit, offrira bientôt aux regards attentifs des familles l'image d'un cénacle véritable où il n'y aura plus qu'un cœur et qu'une âme et où tous les efforts convergeront unanimement vers le même but.

« En confiant au P. Goulouand sa délicate et épineuse mission, continue le même, le Supérieur Général des Maristes ne pouvait faire un choix plus heureux, et il connaissait sans doute cette pensée de saint Vincent de Paul rappelée par un des panégyristes du Bienheureux Chanel : « Pour une fondation, choisissez toujours les meilleurs sujets : Il faut placer les pierres fines dans les fondements du temple. »

« Dès que les cours s'ouvrirent, en octobre 1853, les

----

(1) Nous avons pour nous deux charmes magiques : la Croix et l'Amour.

nouveaux maîtres installèrent leurs premiers élèves dans la maison de Madame de Lamallerée, dont le salon avait été transformé immédiatement en chapelle. Certes, on le pense bien, l'Institution Saint-Joseph, dans ses vastes proportions actuelles, avec ses cours spacieuses, ses jardins et sa chapelle monumentale, est aujourd'hui très différente de ce qu'elle était à son modeste berceau, et la gêne inséparable de toute œuvre qui commence n'est plus qu'un souvenir éloigné.

« Les P.P. Maristes n'avaient tout d'abord consenti qu'à un essai de fondation, et la maison de Lamallerée avec ses dépendances, avait été louée pour deux ans seulement, moyennant un prix annuel de dix-huit cents francs. Ce n'était pas un acte de défiance de la Providence, mais une conduite prudente et sage que le Ciel allait bénir.

« L'organisation du nouveau collège ne se fit pas sans bourse délier ; mais Dieu suscita, à cet effet, de généreux bienfaiteurs, de nobles et chrétiennes familles qui s'associèrent au zèle de M. le curé de Notre-Dame. Que d'ingénieuses sollicitudes, que d'attentions délicates pour parer aux premières nécessités ! A ce sujet, qu'on nous permette de citer ici, un trait de ce que leur inspirait un admirable dévouement : « A la fin d'avril 1854, l'Institution reçut la visite du R. P. Provincial. Celui-ci passait, en détail, l'inspection du pensionnat ; arrivé à la lingerie, il remarqua parmi les ouvrières des personnes dont la mise et les manières semblaient assez peu en rapport avec cette humble profession, et comme il en manifestait son étonnement : « Mon Révérend Père, lui répondit le

P. Goulouand, ce sont nos meilleures ouvrières !
permettez-moi de vous les présenter. » Et il lui nomma
un certain nombre de dames appartenant à l'élite de
la société Montluçonnaise, qui venaient, chaque
semaine, passer une journée à l'ouvroir, pour aider à
entretenir le linge de la maison.

« Que d'autres traits admirables nous pourrions citer
d'une générosité qui restait aussi persévérante que
modeste ! Sans doute, Dieu a déjà récompensé tant de
vertus, mais nous savons aussi que les nouveaux
maîtres, profondément touchés, se soumettaient, par
ailleurs, avec une grande gaieté de cœur, à toutes
les privations inséparables d'une grande œuvre au
début. » (1)

Le P. Goulouand donnait l'exemple de cette pauvreté généreusement acceptée, et un ancien élève raconte qu'en entrant dans la maison pour la première
fois, en compagnie de ses parents qui venaient le
faire inscrire comme pensionnaire, avide de contem-
pler des maristes, qu'il n'avait jamais vus, et s'attendant, pour leur vêtement, à quelque étoffe de couleur
ou de coupe inaccoutumée, à quelque bure grise ou
brune, il fut surpris de les trouver dans le costume
ecclésiastique ordinaire. Mais quand se présenta le
R. P. Goulouand, il remarqua que sa soutane était
rapiécée, dans toute la longueur du dos, par du drap
neuf cousu à une étoffe déjà bien usée. Comme il
n'observait pas cette particularité chez les autres, il
en conclut, dans sa naïveté d'enfant, que c'était là,
sans doute, le signe distinctif attaché au titre de
Supérieur.

-----

(1) *Bulletin de l'Association amicale.*

On vivait donc de pauvreté et de privations, en imitant ses exemples, trop heureux de faire l'œuvre de Dieu à si bon compte et de préparer à la région et à toute la France des légions de chrétiens convaincus et instruits, prêts à remplir toutes les fonctions ouvertes à l'intelligence, au dévouement et à la vertu.

*
* *

LA VIE DE FAMILLE AU COLLÈGE

« Pères et élèves », continuent les diverses relations, « vivaient comme une famille ; c'était au point qu'il n'y eut pas lieu d'infliger, pendant toute cette première année, une seule punition grave ». « Et d'ailleurs », ajoute un ancien élève, « c'eût été vraiment nous montrer trop ingrats que de ne pas faire tout notre possible, alors que nous étions traités, non pas comme des écoliers ou des élèves ordinaires, mais comme des enfants vivant au foyer paternel et admirablement *gâtés.* »

Rien ne contribuait mieux à établir cet esprit de soumission et de régularité que les bons exemples de maîtres unis aux qualités douces et aimables qui faisaient le fond de la physionomie morale du Supérieur de l'Institution St-Joseph. Il s'était mis tout de suite à l'œuvre, en se plaçant en face de la double responsabilité qui lui incombait, vis-à-vis de ses frères, et vis-à-vis des élèves. Pour les premiers, il voulut être le plus fidèle exécuteur des lois religieuses qu'il avait la charge de leur faire observer à eux-mêmes. Pour les seconds, il voulut rester père et médiateur, en laissant à chacun de ses dignes collaborateurs, sous le contrôle de leur obéissance, la large part d'initiative et d'action personnelle nécessaire au bon accomplissement de leurs fonctions respectives à l'égard des enfants.

Pénétré de la nécessité de donner à Dieu, d'abord, le temps requis par la règle ou par les inspirations discrètes de sa piété, on le voyait à tous les exercices religieux depuis le lever, à quatre heures, jusqu'au soir, après neuf heures, où il profitait du recueillement de la nuit pour mettre à jour sa correspondance et régler les affaires du dehors. « Pour les exercices « spirituels de toute la communauté, dit un ancien, « quand il ne les présidait pas lui-même, il n'en man- « quait cependant aucun, et il nous édifiait par la « piété avec laquelle il répondait au chœur ou chan- « tait avec nous les cantiques. » Le reste de la journée, il le donnait alternativement à Dieu, pour ses prières privées, puis à ses confrères, aux enfants et à leurs familles.

Nous lisons, à ce sujet, dans ses papiers, les résolutions qu'il avait prises pour bien remplir auprès de ses professeurs ses devoirs de Supérieur. En voici quelques extraits :

1° Visiter régulièrement mes confrères. — M'informer de leur exactitude à faire leurs exercices de piété, et de leurs besoins matériels — de leurs classes, de leurs différentes charges, etc. — Profiter de leurs excellentes dispositions pour leur faire quelques petites observations sur ce qu'on aura pu remarquer de défectueux en eux; le tout avec la plus grande douceur et les plus grands ménagements.

2º Faire ma méditation, toutes les semaines une fois, sur mes rapports avec mes confrères, pour voir si j'ai été bien exact à leur faire visite.

3º Toujours les bien accueillir, quand ils viennent chez moi, ne jamais paraître pressé ni ennuyé de leur présence, etc... (et il ajoute en anglais la réflexion suivante : « J'ai senti par ma propre expérience, combien me fut pénible l'accueil que me fit un jour le R. P***). » Je leur dirai de s'asseoir et leur donnerai tout le temps convenable pour me parler ou s'expliquer.

4º Quand je les rencontrerai, dans les corridors ou sur les cours, toujours quelques mots aimables, ou si je ne puis pas leur parler, je leur ferai au moins bon visage.

5º Je demanderai à mon moniteur qu'il m'avertisse bien de ce qu'il aura remarqué de défectueux dans mon administration ou de pénible dans mon caractère ou dans mes relations avec mes bien-aimés confrères.

6º Ne jamais lancer de " *pointes* " contre eux. J'ai reconnu qu'à la longue, cette conduite finit toujours par lasser les meilleurs caractères.

7º Avant d'aller me confesser, je m'examinerai soigneusement sur tous ces points, afin d'en demander pardon à Dieu, chaque fois que j'y aurai manqué en quelque chose...

8º Je tâcherai d'être bien au courant des absences de la méditation du matin, et de tenir à ce qu'on m'en donne avis chaque fois.

En un mot, faire consister ma principale occupation à donner une bonne impulsion à la communauté religieuse, et non seulement visiter mes confrères dans leurs chambres, mais m'informer s'ils sont exacts à leurs exercices de piété et à tous leurs devoirs d'état : classe, surveillance, direction, monition, récollection mensuelle, examen particulier, etc.... »

Grâce à cette paternelle vigilance, les austères fonctions de l'enseignement et de l'éducation se remplissaient, sous les yeux des élèves, avec la scrupuleuse exactitude qu'impose l'amour du devoir et le désir de faire parfaitement la volonté de Dieu. Les enfants sentaient la sincérité de cet amour et de ce désir, en voyant leurs maîtres contents, et sans autre ambition au cœur, que de les porter à agir eux-mêmes par des motifs si nobles et si élevés.

Pas moindre n'était la sollicitude du P. Goulouand à l'égard des élèves de la maison. Sous le double rapport de l'éducation par la formation du cœur et de l'enseignement, par la culture de l'esprit, il ne négligeait aucun des moyens que lui fournissait la Société de Marie, non plus que les propres inspirations de sa Foi.

Le règlement était alors, à peu de chose près, ce qu'il est encore dans tous les collèges de la Société de Marie. Tout en laissant au Directeur, aux préfets et aux professeurs, leur action personnelle, comme nous l'avons dit plus haut, le prudent et charitable Supérieur les animait tous par ses chaleureux encouragements à l'exact accomplissement de leur tâche, toujours prêt à les soutenir avec sagesse, à les appuyer chaque fois qu'ils avaient à sévir, tout en se réservant de leur donner, en particulier, les avis jugés nécessaires ; de telle sorte qu'il réalisait pleinement, par cette entente parfaite avec ses collaborateurs, cette « unanimité d'action composée de toutes les forces réunies » que recommandent les Constitutions de la Société, et il était lui-même le lien puissant qui faisait de toutes ses forces le « faisceau impossible à rompre ».

Mais où son rôle revêtait les formes les plus aimables, c'était dans les réunions publiques des élèves, pour la publication des notes hebdomadaires ou mensuelles. « C'est là, suivant le langage de l'Éducateur si com-

pétent déjà cité « c'est là que le Supérieur est père,
c'est là qu'il parait avec l'autorité, la majesté, la bonté,
la tendresse, les insinuations, les menaces, les bénédictions d'un père ». Ce sont bien surtout ces dernières,
disons-le tout de suite, qu'il eut le plus souvent à
répandre sur sa Communauté. Il avait affaire à des
enfants de familles bien chrétiennes, et il pouvait
louer en eux, en toute justice et vérité, le bon esprit,
la ponctualité, le silence, la bonne tenue, le respect
filial et la confiance pleine d'abandon. Ecoutons, là
dessus, le témoignage d'un ancien élève : « La lecture
des notes qu'il nous faisait lui-même tous les samedis,
la première année, et très souvent les années suivantes, était pour nous pleine d'attraits, tant il savait
aimablement donner une louange ou décocher avec
esprit une légère et fine pointe qui allait droit au cœur
et le touchait, mais sans blessure jamais. »

De là ce charme ineffable dans les rapports habituels entre maîtres et élèves, qui fit des premières
années de l'Institution Saint-Joseph, une époque des
plus douces consolations. De là, particulièrement chez
le P. Goulouand, dans sa personne et dans toutes ses
démarches, la séduction de cette bonté attrayante qui
l'avait fait surnommer : *"l'Aimable Supérieur"*.

Et de fait, on peut dire sans crainte d'exagération,
que l'amabilité a toujours fait le fond de son caractère, car, selon la juste définition qui en a été écrite :
« l'amabilité n'est que la charité qui se donne, l'humi-
« lité qui s'abaisse, la mortification qui se prive, la
« patience qui supporte, la force qui ne se lasse
« jamais. » N'est-ce pas là le saisissant portrait de
notre P. Goulouand, tout spécialement dans ses

fonctions de Supérieur de Collège ? Qu'on nous permette de citer encore à l'appui de cette assertion ces souvenirs marqués au coin de la plus vive gratitude et que plusieurs fois déjà nous avons mis à contribution :... « Ces études si arides et souvent si fatigantes pour la jeunesse, cet éloignement forcé de la maison paternelle, si pénible d'ordinaire pour les enfants d'un âge encore tendre, il savait les faire supporter avec courage, même des plus indifférents, par l'art avec lequel il dirigeait nos pensées vers un principe surnaturel, dans les entretiens particuliers qu'il avait fréquemment avec chacun de nous. Que de fois, aujourd'hui, en lisant l'*Imitation de Jésus-Christ*, je retrouve des textes qu'il nous citait en maintes circonstances et toujours à propos. »

Ce témoignage, écho et résumé de bien d'autres semblables, explique très bien comment le sourire paraissait, pour parler ainsi, s'être fixé à demeure sur les lèvres du P. Goulouand, comme un naturel épanouissement de son cœur, et lui inspirait à l'occasion ou du moins accompagnait toujours la douce parole qui ranime, relève, console, encourage et fortifie, de même qu'une douce rosée redresse, ravive et colore la plante qui déjà inclinait sa tête languissante et près de se dessécher. On n'avait jamais peur de l'aborder ; la seule crainte qu'il inspirait, c'était celle de lui faire de la peine. Il ne comprenait rien à ces airs de grandeur avec lesquels on pose, dans l'espoir qu'on sera mieux respecté, ce qui, le plus souvent, au contraire, n'excite qu'une crainte servile accompagnée de mépris. Il ne voulait point à son front d'autre auréole que celle dont la divine Mère aime à se voir décorer par ses propres enfants sous le titre de « *Mater amabilis.* »

Le premier jour du mois d'août 1854 avait lieu la première Distribution des Prix du nouvel établissement.

« Après que tous les heureux lauréats eurent reçu leurs couronnes, le R. P. Goulouand adressa quelques touchantes consolations aux pauvres déshérités, témoigna publiquement la satisfaction de tous les professeurs qui n'avaient eu qu'à continuer les traditions des familles, auxquelles revenaient toute la joie et tout le bonheur que ces enfants lui avaient fait éprouver par leur docilité et leur travail.

— « Que le temps va nous paraître long, ajouta-t-il, maintenant que nous allons être deux mois sans vous ! En partant, vous emportez notre joie et notre amour ; notre pensée vous suivra partout. Fasse le Ciel que vous nous reveniez dans les mêmes dispositions de cœur et d'esprit que celles que vous possédez en nous quittant. »

Ainsi s'était écoulée, douce, calme, studieuse, empreinte d'un véritable esprit de famille, cette première année de l'Institution St-Joseph, heureux débuts d'une supériorité dont nous venons d'entendre, pour ainsi dire, les derniers et suaves échos. Dès l'année suivante, la prospérité incessamment accrue de la nouvelle Institution, obligeait de construire, au moins en partie, un édifice plus en harmonie avec le nombre toujours grandissant des élèves, et propre à assurer l'avenir. On le conçut dans de vastes proportions, et l'histoire de la maison nous montre qu'on n'avait pas rêvé plus que Dieu ne promettait à ses destinées.

Au mois de juin 1855, on en avait posé la pre-

mière pierre. Cette cérémonie, très simple en elle-
même, grandissait de toute l'importance de l'œuvre
qu'elle inaugurait. Elle fut, par ce côté surtout, solennelle et laissa dans les âmes des impressions que le
temps n'a point effacées. Sa Grandeur, Monseigneur
de Dreux-Brézé, évêque de Moulins, était là, entou-
rée des autorités de la ville et de toutes ces admirables
familles qui avaient été, après Dieu, la Providence de
l'œuvre naissante. Tous voulaient donner aux maîtres
une marque de leurs religieuses sympathies et affir-
mer leurs préférences pour l'enseignement chrétien
dont ils étaient les représentants et les dispensateurs
dans leur cité.

En 1858, le P. Goulouand fut déchargé, sur sa demande, du fardeau de la Supériorité et nommé Directeur spirituel. On le vit alors, dit un témoin, perdre
ce ton de douce autorité que sa charge lui imposait,
pour reprendre cette tendre et paternelle physionomie
que tous lui ont connue. Il devint, en même temps,
le plus docile et le plus scrupuleux observateur des
règles qui atteignent plus directement les inférieurs,
surtout en ce qui concerne la pauvreté et l'obéissance
religieuses, jusque là qu'on l'entendit, un jour, se
reprocher de n'avoir pas demandé la permission de
faire quelques légères réparations à ses vêtements ou
à sa chaussure !

Quant à ses rapports journaliers avec ses frères et
avec les enfants, on se figure aisément combien ils
gagnèrent encore en épanchements mutuels. Son
aimable et douce gaieté était la grande ressource des
plus jeunes pour dissiper les chagrins inséparables de
eurs devoirs d'écoliers. Un ancien élève disait un

jour à une personne employée au service de l'Institution : « Il paraît que vous avez maintenant une maison splendide ; on n'y est pas plus heureux, ni plus gai, je pense, que du temps de notre aimable P. Goulouand. »

Il se trouvait alors, comme toujours, des hommes du monde qui, selon leur manière de voir tout humaine, et dans l'ignorance ou l'inintelligence de cet axiome si connu, en religion, que les dignités, chez les religieux, ne sont point des honneurs, mais des charges, et que tous doivent être prêts à passer subitement du premier rang au second et même au dernier, traitaient presque d'héroïque la conduite de l'ancien Supérieur, acceptant la seconde place dans la maison même où il avait occupé la première. Quant à lui, il regardait cela comme la chose la plus simple du monde, il ne comprenait pas qu'on pût lui en faire un mérite ; autrement, ajoutait-il, il faudrait taxer de charlatanisme toutes ces paroles si fréquentes pourtant, par lesquelles on s'accuse d'impuissance ou d'indignité à remplir une charge.

Dans les conditions ordinaires, il est vrai, la position du P. Goulouand pouvait devenir difficile ; mais outre que le nouveau Supérieur qui l'avait en singulière estime, avait tenu à le garder pour s'éclairer de son expérience des mœurs du pays et du caractère des enfants, leurs tempéraments quoique différents ou même opposés dans leur ensemble avaient néanmoins plusieurs points de contact et de similitude, tels que l'initiative, la confiance dans l'avenir, la fermeté dans l'exécution et le maintien de la discipline.

Le nouveau Supérieur était le R. P. Bellanger,

nature ardente et généreuse : il prit directement en main tous les intérêts matériels de la maison. On le voyait présider souvent et avec une rare intelligence pratique, aux travaux de construction du nouveau collège, en étudier au point de vue de la plus grande commodité et de la meilleure adaptation, les différentes parties, et exercer un contrôle sévère jusque sur le choix et la qualité des matériaux. Trop absorbé, par cette attentive surveillance extérieure, pour pouvoir s'occuper de tout, il se reposait sur le P. Goulouand du soin de conduire les affaires du dedans, et tout ce qui concernait les élèves ; aussi, pendant les sept années que le R. P. Bellanger demeura en charge, vit-on grandir parallèlement, en pleine prospérité, l'œuvre matérielle et l'œuvre morale, selon le plan conçu par son prédécesseur.

****

L'ÉDUCATEUR MARISTE

Nous terminons ce chapitre sur le séjour du P. Goulouand à l'Institution St-Joseph, par ce portrait général qu'en a tracé la piété filiale d'un ancien élève auquel nous avons fait déjà plusieurs précieux emprunts :

« En étudiant cette vie avec un jugement mûri par l'âge et la réflexion, devant cette tombe à peine fermée de notre cher Maître, (1) tous ceux qui l'ont connu le disent aujourd'hui : *le R. P. Goulouand était un saint.*

---

(1) Ceci était écrit en 1890, peu après la mort du Père.

« Oui, il était un saint, si la sainteté consiste à s'oublier soi-même pour se dépenser sans réserve au service de Dieu et du prochain.

« ..... Mais la sainteté, dans le P. Goulouand, n'avait rien d'austère ni de désespérant pour la faiblesse humaine, comme dans le bon Père Rousset, par exemple. Parmi ces astres innombrables qui « brilleront dans les cieux des perpétuelles éternités » ainsi qu'il est dit au livre de la Sagesse, il n'y aura pas un élu qui ressemble identiquement à un autre. C'est le secret de Dieu et le témoignage de sa fécondité sans bornes, que de varier à l'infini la perfection dans ses prédestinés....

« ...Le P. Goulouand avait en partage cette *sainteté aimable* qui montre la vertu facile et qui l'impose, pour ainsi dire, par son exemple. Air de simplicité et de bonhomie pleine de naturel et de charme, grande clémence pour les défauts d'autrui, facilité singulière à sourire en conversation pour la moindre chose plaisante, comme ces eaux tranquilles que fait rider le moindre souffle de vent : en un mot, tous les signes extérieurs d'une conscience en paix, telle est, vous le savez, mon cher M. H***, la physionomie particulière à tout mariste. — Notre Père Goulouand avait en plein cette *marque de fabrique* ; mais à ces qualités acquises se mêlait une certaine gravité pleine d'aisance qui inspirait une respectueuse sympathie, et, dans toutes ses démarches, on reconnaissait l'homme habitué à surveiller constamment chacune de ses actions. Ne vous étonnez donc pas, après cela, de cette merveilleuse entente qui régnait entre tous les Pères de la maison. L'exemple du P. Supérieur était une prédication continuelle et chacun l'imitait sans effort.

« ... A voir sa petite cellule, si coquette dans sa simplicité, n'ayant pour tout décor qu'une statuette de la Vierge et un crucifix, on devinait sans peine le fond du caractère de l'hôte aimable qui l'habitait. La pauvreté religieuse y apparaissait dans toute la naïveté de ses charmes : rien de superflu, tout juste le *quod decet* indispensable. Mais quel soin pour conserver, pour garder de toute détérioration ces meubles de bois blanc aussi frais encore après cinq ans que le premier jour ! C'est là que le Père passait la plus grande partie de son temps dans la méditation et l'étude... Le travail et l'oraison c'était sa vie habituelle. Quand les professeurs étaient à leurs classes, et souvent durant les longues heures du soir, on le trouvait à la chapelle, occupé, sans doute, à prier pour nous. Il avait surtout une dévotion extraordinaire pour les souffrances de Notre-Seigneur, il en parlait sans cesse à ses pénitents, et c'est bien souvent que nous l'avons vu faire son Chemin de Croix en particulier, voire plusieurs fois le même jour. »

Ce magnifique portrait, que nous abrégeons encore, concorde bien avec les quelques lignes suivantes qui sont comme un résumé rapide des sentiments de tous les *anciens*, pour le premier Supérieur du collège de Montluçon..... « Il suffit de le nommer, et nous croyons inutile d'insister davantage sur le saint religieux dont les générations successivement passées à St-Joseph ont appris à vénérer la mémoire, ce prêtre aussi érudit qu'il était pieux et affable et qui s'est appelé lui-même le *grand-père* de la maison », dans ces affectueux télégrammes qu'il envoyait annuellement, le jour de la fête solennelle des *Anciens*, comme il aimait jadis à s'intituler : « le *père à vie* de la petite famille » gouvernée directement par lui, dans les premières années de l'Institution. »

Il ne concorde pas moins, ce portrait, avec les souvenirs transmis par les confrères qui furent en même temps les collaborateurs de la première heure. L'un d'eux, écho de tous les autres, nous parlait naguère encore du grand, de l'ardent esprit de foi qui animait le P. Goulouand, surtout dans ses instructions et exhortations aux enfants, de l'entrain et du zèle qu'il savait leur communiquer, à l'occasion, pour l'ornementation de la chapelle ; puis de la gaieté inaltérable dont il assaisonnait tous ses rapports avec ses confrères, même dans ses maladies et indispositions qui étaient fréquentes, jusque là qu'il ne perdait jamais son aimable sourire et savait toujours trouver le mot plaisant propre à égayer, la parole qui encourage souverainement en prêchant d'exemple, même sous la douleur lancinante occasionnée par ses maux de tête, parfois très violents. Ajoutant, à tout cela, sa facilité et son empressement à rendre service, sa disposition permanente à consoler, à aider, à soutenir, le confrère témoin de toutes ces vertus concluait ainsi : « C'était bien là l'homme qu'il nous fallait, dans la situation souvent gênée et pénible qu'était la nôtre, à cette époque. » C'est bien un homme de cette trempe qui convient le mieux dans toutes les créations d'œuvres, d'ordinaire si laborieuses, où il faut que tout le monde paie généreusement de sa personne, où il est si nécessaire de réagir contre tant de causes de crainte et de découragement.

A notre tour, concluons de tout ce qui vient d'être dit en ce chapitre : le séjour du P. Goulouand à Montluçon, particulièrement comme Supérieur, fait époque et marque considérablement dans sa vie. Il est si vrai que son passage en cette ville a laissé dans l'esprit, surtout dans le cœur de tous ceux qui l'ont connu et approché alors, une empreinte indélébile que, très longtemps après son départ, on entendait encore son éloge fréquemment retentir sur toutes les lèvres. Il suffisait que son nom ou son souvenir fussent inopinément invoqués pour que non seulement les anciens élèves, mais tous les survivants de l'époque, professeurs laïques de l'Institution, personnes du dehors, voire même employés ou domestiques de la maison, parlassent du premier Supérieur du collège St-Joseph dans les termes les plus chaleureux de l'estime et de l'admiration les mieux senties. L'accent de sincérité profonde avec lequel ces louanges étaient exprimées faisait bien comprendre comment le P. Goulouand avait conquis l'affection universelle, et on s'explique très bien ces paroles d'un père de famille :

« Mon Père, je ne sais vraiment ce que vous faites, ni comment vous vous y prenez : mais nos enfants ne parlent que de vous, ne jurent que par vous, et lorsqu'ils ont dit : le P. Supérieur a parlé ainsi, le P. Goulouand a recommandé ou défendu telle ou telle chose, tout est dit, l'affaire est entendue, il n'y a pas à y revenir. »

Telle est, en un rapide aperçu et dans ses lignes principales, la vie, la manière d'agir, la physionomie morale du P. Goulouand à Montluçon. Pour y ajouter un dernier trait, de nature non pas à la compléter, mais à la caractériser plus fortement, il y aurait

à montrer encore, et preuves en main, que le fondateur de l'Institution St-Joseph, malgré ses multiples
et absorbantes occupations de chef d'établissement,
ne perdit jamais de vue le souci de l'exercice de l'a-
postolat tant par l'administration des secours religieux
que par les conseils d'une sage et attentive direction
auprès des personnes du dehors, comme auprès des
habitants de St-Joseph. Il obéissait ainsi, comme par
une sorte d'instinct surnaturel, peut-être inconscient,
au penchant irrésistible qui l'entraînait de plus en
plus vers sa grande destinée de missionnaire, et se
préparait, sans le savoir, au rôle apostolique admirable que la divine Providence lui réservait à Chartres
et à Paris. Ce ministère spirituel, avons-nous dit,
s'exerçait, pour parler ainsi, en *partie double*, soit auprès des enfants, durant et après leur séjour à St-Joseph, soit auprès des fidèles du dehors et spécialement
auprès des moribonds plus ou moins éloignés de Dieu,
dont lui et le P. Breton étaient devenus, par le choix
de la population montluçonnaise, les confesseurs
attitrés.

Tout d'abord, en ce qui concerne les enfants du collège, dit la relation à laquelle nous empruntons ces
détails, « non seulement le R. P. Goulouand s'en
« était fait le directeur ou le conseiller, mais il aimait
« à les suivre dans le monde, et sa correspondance
« tantôt badine et enjouée, tantôt grave et pleine de
« lumières, suivant les circonstances, apportait tou-
« jours avec elle, la joie, l'espérance et les consolations.

....« Ce ministère admirable de père spirituel qu'il
« exerçait à notre égard, bien souvent nos familles en
« furent l'objet. A ce sujet, je me souviens d'une

« instruction qu'il nous fit, en 1856, sur le *bonheur*
« *de mourir chrétiennement*, et des prières qu'il
« demanda à la communauté pour la sœur d'un de
« nos condisciples, en ce moment agonisante. »

Quant à l'efficacité des secours spirituels prodigués
aux personnes de l'extérieur, tout particulièrement à
ces moribonds dont le retour suprême fut l'œuvre d'une
habileté pleine de discrétion et de délicatesse, non
moins que d'une charité ardente, la même relation
ajoute :

« On peut être convaincu que plusieurs, sans lui,
« n'auraient pas fait une bonne mort. Quel zèle savait
« donc déployer le bon Père, en ces circonstances ?
« La conversion, au dernier moment, après une vie
« plus ou moins livrée au mal, n'est certes pas chose
« facile. Mais tout est possible pour les saints, et je
« l'ai dit : le Père donnait l'exemple et répandait au-
« tour de lui les parfums de cette vertu douce, facile,
« insinuante, devant laquelle les plus rébarbatifs sont
« forcés de déposer les armes. C'était là tout le secret
« de son succès pour le bien. »

Emparons-nous de cette conclusion pour l'appliquer
à toute la carrière du P. Goulouand et spécialement à
son séjour à Montluçon : Oui, dirons-nous, à notre
tour, sa vertu non moins attrayante que solide et profonde, voilà le secret de l'immense bien qu'il opéra
dans cette ville et du souvenir toujours vivant, ineffa-
çable qu'il y a laissé, comme en tous les autres lieux
où il vécut et travailla pour la plus grande gloire de
Dieu.

CHAPITRE VI.

LA SOUFFRANCE ET LA MORT

Maladie du P. Goulouand. — Ses longues souffrances. — Ses dernières années. — La mort et les funérailles. — Faits posthumes ; — Conclusion.

PARIS. — MINISTÈRE ET SOUFFRANCE

Dans les chapitres précédents, spécialement dans le quatrième qui traite plus en détail du ministère de confesseur exercé par le P. Goulouand durant la majeure partie, pour ne pas dire la presque totalité de sa carrière sacerdotale, nous avons insisté sur les labeurs exceptionnels de ce ministère. Nous avons montré comment le confessionnal et les Œuvres locales, en particulier l'*Œuvre des domestiques* absorbaient, pour ainsi dire, sans interruption, du matin au soir l'activité pourtant si prodigieuse du saint prêtre, à tel point qu'il ne pouvait, ainsi occupé à l'intérieur de la résidence, songer à remplir aucun autre ministère au dehors. Aussi, durant les dix années de son séjour à Chartres, ne donna-t-il pas une seule mission dans le diocèse ou ailleurs, et quant aux petites retraites prêchées par lui dans quelques communautés reli gieuses de la ville, elles furent, en fait, courtes et rares ; de sorte que le P. Goulouand fut éminemment l'homme de l'intérieur, celui qui ne quittait presque jamais la résidence et qu'on était toujours sûr de trouver à son poste, prêt à se donner, à se dépenser tout entier pour toutes les âmes qui venaient solliciter ses lumières et son assistance.

Cette vie, extraordinairement sédentaire, privée de mouvement et d'exercices physiques, fut sans doute, comme nous l'avons également insinué au chapitre III, la cause qui favorisa le plus l'éclosion de cette terrible maladie rhumatismale qui le frappa vers le milieu de son séjour à Chartres, pour ne plus le quitter, et dont il nous reste à parler plus longuement tout à l'heure. Le mal atteignit son plus haut degré d'acuité quelques années plus tard, ce qui détermina le transfert du P. Goulouand à Paris, ses supérieurs religieux ayant jugé à propos de prendre cette mesure, en faveur du malade, dans l'espoir qu'il trouverait, dans la capitale, des soins plus entendus de la part des médecins spécialistes, et, pour la guérison, des ressources de toute sorte qu'il est plus difficile de se procurer en province.

Ce fut en 1870 que le P. Goulouand fut envoyé à la résidence de Paris. Désormais, donc, son ministère s'exerça sur un autre théâtre, mais sous les mêmes formes à peu près, de telle sorte que le P. Goulouand, à Paris, ne fut pas autre chose, au fond, que la contination, pour ainsi dire, du P. Goulouand confesseur à Chartres, à un tel point de similitude même que le nombre de ses pénitents fut presque le même dans les deux villes. Voilà pourquoi, à cause de cette ressemblance de situation on ne trouve ici rien de nouveau à faire connaître sur les procédés et la manière du P. Goulouand, touchant la conduite des âmes. Ce qui en a été dit précédemment s'applique également à tous les lieux où il s'y adonna. Ici, comme ailleurs, s'il eut à compter davantage avec le mauvais état de sa santé et à consacrer du temps à la refaire, du moins il ne perdit rien de son zèle pour les âmes, et il se dévoua sans réserve à leur sanctification et à leur salut, dans toute la mesure permise par ses forces corporelles considérablement amoindries. Le seul point qu'il y ait donc à noter spécialement durant ces vingt dernières années jusqu'aux derniers mois qui précédèrent la mort, c'est que le ministère du P. Goulouand, toujours activement exercé, sauf les interruptions commandées par les recrudescences du mal, toujours fécond aussi en résultats magnifiques, fut marqué, beaucoup plus que par le passé, au coin de cette souffrance souvent aiguë, parfois plus sourde, mais de tous les jours et presque de tous les instants, destinée à être dans les mains de Dieu l'instrument de deux opérations admirables parallèlement conduites. D'une part, la fertilisation continue, incessante et peut être plus complète de la « Vigne du Père de Famille », en ce coin particulier assigné aux soins de l'humble et laborieux ouvrier ; de l'autre, le perfectionnement et le parachèvement moral de l'ouvrier lui-même jusqu'à sa maturité entière pour le repos des demeures éternelles, après ce dur travail vaillamment accompli sous le poids du jour et de la chaleur, accru encore de la souffrance physique.

Tel fut, à n'en pas douter, le rôle providentiel de cette cruelle maladie qui, après avoir occupé dans la vie du P. Goulouand une place si considérable à tous égards, finit par amener, et probablement avancer sa mort. Par elle, il fut cloué à la croix, durant les vingt-cinq dernières années de sa vie, et contracta, pour ainsi dire, avec la douleur, cette union indissoluble qui, rendant le disciple semblable au divin Maître, rendit sa vertu parfaite, affinée comme l'or dans le creuset, et capable de produire une incomparable moisson de mérites.

Ainsi, travail et souffrance ! souffrance et travail, voilà les deux termes qui résument admirablement la vie douloureuse mais féconde du P. Goulouand à Paris, de 1870 à 1890.

Ce fut durant son séjour à la résidence de Chartres, que le P. Goulouand ressentit, pour la première fois, les atteintes de ce mal désigné sous le nom de *tumeur blanche*, qui ne devait plus le quitter. En dehors des prédispositions naturelles, on lui assigna généralement pour causes, du moins occasionnelles, le manque d'exercice convenable, l'immobilité presque complète, prolongée pendant des heures et des journées entières, l'humidité ou le froid de l'église Ste-Foy, suivant les saisons, l'air vicié du confessionnal, trop imparfaitement renouvelé.

Telles furent les causes déterminantes qui, trouvant un terrain tout préparé dans la prédisposition constitutionnelle, produisirent une accumulation d'humeurs qui se porta sur les membres inférieurs et particulièrement sur une jambe, à l'articulation du genou. A quelle époque se déclara positivement le mal ? Il ne reste ni souvenirs, ni documents qui permettent de préciser d'une façon absolue.

Il a bien été dit précédemment que le pauvre rhumatisant fut envoyé à Paris vers 1870 ; mais ce ne fut là que l'époque de son définitif changement de résidence, car plusieurs années auparavant il avait dû se rendre à la capitale, à intervalles plus ou moins longs et pour un séjour plus ou moins transitoire, afin de consulter les plus habiles représentants de la science médicale et suivre le traitement qu'ils indiqueraient.

La lettre suivante, écrite de Paris, en date du 26 décembre 1868, en serait à elle seule une preuve concluante. Le Père se plaint de ne pas recevoir de nouvelles de Chartres et prend occasion de cette négligence pour parler assez longuement de sa maladie :

« ..... J'attendais bien, dit-il, une lettre de vous, aujourd'hui, pour me donner des nouvelles de cette belle fête de Noël. — On voit bien que vous êtes à Chartres, vous, et que vous n'avez pas besoin qu'on vous dise ce qui s'y passe. — Mais, objecterez-vous, j'ai mal au poignet et à la main. — *J'ai bien mal à la jambe aussi,* ce qui ne m'empêche pas de vous écrire, et, mal pour mal, le mien est plus sérieux que le vôtre...

... La belle fête est passée ! Belle pour tout le monde, excepté pour les pauvres malades dont les privations sont véritablement doublées ce jour-là : car la joie des autres fait mieux sentir la privation ; mais les privations n'ont-elles pas des charmes, et des plus délicieux, depuis que le divin Enfant est venu commencer parmi nous une vie toute de privations ! Qu'il vive dans nos cœurs, ce cher petit Jésus ! qu'il y vive surtout par son esprit, ses vertus et sa grâce ! — Qu'il nous donne ce qui nous est le plus nécessaire : à moi la patience, la conformité à son aimable volonté ; à vous, la douceur, la douceur encore, etc... »

L'aggravation que cette lettre laisse facilement prévoir et qui ne devait pas tarder à se produire, détermina les premiers Supérieurs, moins de deux ans plus tard, à fixer définitivement à Paris, le cher malade, dans le but de mettre à sa portée, s'il en était besoin, toutes les ressources de la science médicale la plus compétente. Et l'événement prouva bien que la mesure n'était pas hors de propos, car bien qu'il ne nous reste pas de détails bien circonstanciés sur cette période de la vie du P. Goulouand, du moins en ce qui concerne le développement ou l'état de sa maladie à cette époque, on sait assez que ce terrible mal, persistant à l'état aigu durant cinq ou six années, à partir de 1870, passa successivement, durant cet intervalle, par les phases les plus douloureuses et les plus critiques qui signalent ordinairement sa marche et ses progrès.

Le malade se vit appliquer tour à tour, et parfois en même temps, les différents systèmes de compression, de redressement, d'immobilisation dont la thérapeutique moderne est si richement pourvue ; il fit douloureusement connaissance avec les *gouttières, genouillères, drainages à tuyaux, douches,* et autres instruments, appareils ou remèdes inventés, dit-on, pour le soulagement, mais sûrement aussi et tout d'abord pour la torture de l'humanité souffrante, ce que l'on peut bien dire sans aucune intention offensante pour la Faculté, car ce n'est qu'une constatation nouvelle de l'infirmité des moyens humains, même au service de la meilleure bonne volonté du monde.

Toujours est-il que la maladie du P. Goulouand, arrivée à son plus haut point d'intensité, parut revêtir un caractère des plus graves, et tout d'abord plusieurs docteurs se prononcèrent nettement et à plusieurs reprises pour l'amputation du membre, craignant les plus redoutables complications si l'on ne se décidait à les prévenir par ce moyen radical.

Heureusement pour notre malade, l'intervention on ne peut plus opportune d'un prince de la science le sauva de cette terrible extrémité. Après avoir inspecté minutieusement le mal, avec cette sûreté de coup d'œil que lui donne sa compétence exceptionnelle reconnue du monde entier, l'illustre docteur Péan déclara que l'amputation n'était pas nécessaire, et il se mit aussitôt en devoir de conjurer, par les moyens les plus énergiques et les soins les plus assidus, les complications et la funeste issue trop justement redoutées.

L'éminent praticien s'employa à ce labeur de tous les jours, qui devait durer des années, avec une attention, une assiduité, un dévouement comparables seulement à sa profonde science ainsi qu'à la bonté de son cœur manifestée en maintes circonstances par une vive compassion pour les souffrances de tous, mais plus spécialement pour celles des pauvres et des petits. On ne pouvait assurément confier à de meilleures mains le sort du cher infirme, mais ce qui prouve plus que tout le reste peut-être, la gravité de sa maladie, c'est qu'elle ne céda qu'au bout de plusieurs années, et encore très imparfaitement, à tous les efforts et à toutes les ressources d'un maître aussi savant et aussi habile dans l'art de guérir.

Le pauvre patient dut rester trois ans couché, et durant tout cet intervalle de temps, outre les traitements locaux destinés à combattre directement le mal à son siège spécial, le bon docteur s'efforça de lutter contre la faiblesse constitutionnelle du malade par un régime tonique très accentué, lui ordonnant un usage fréquent et plantureux de la viande et du vin.

Au bout de ces trois longues années passées au lit, dans les gouttières ou autres appareils, le malade put enfin se lever, mais sans qu'il lui fût possible de marcher, d'aller et venir dans la maison, autrement qu'avec des béquilles, et cela pendant trois autres années encore. Après ces cinq ou six années à l'état aigu, le mal finit par être plus ou moins enrayé, par l'ankylose du membre atteint, par l'étanchement des humeurs, etc., et, à partir de cette époque, la souffrance, devenue plus supportable en général, bien qu'avec des alternatives de mieux ou de plus mal, rendit au P. Goulouand la faculté d'une circulation restreinte et pénible dans l'intérieur de la maison ; durant de longs mois, le pauvre infirme fut obligé de recourir à l'aide de deux béquilles, auxquelles une lente amélioration permit de substituer, dans la suite, deux cannes sur lesquelles il s'appuyait pour marcher ; mais il ne put jamais retrouver le libre usage de la jambe malade, ce qui le portait à s'appeler lui-même plaisamment le *Père béquillard*, comme nous l'avons dit plus haut.

Durant tout ce long martyre, la patience, la résignation, nous dirions même l'entrain du cher malade furent constamment à la hauteur du zèle et du dévouement du bon docteur, qui lui-même avait trouvé un précieux auxiliaire en la personne de la religieuse hospitalière appelée par la Providence à le seconder auprès du Père. — « Ce n'est pas moi qui ai guéri le P. Goulouand, se plaisait-il à répéter en termes non moins modestes que délicats ; c'est sœur Sainte-

Croix. » — Et il s'expliquait, en ajoutant que personne autre n'aurait su, comme elle, suivre ses prescriptions, appliquer ses remèdes, encourager et égayer le malade, etc... ; que sans elle, sans son dévouement de tous les jours et de tous les instants, sans ses soins intelligents et minutieux, il n'aurait peut-être pas pu obtenir, à lui seul, sur un mal si profond, le demi-succès dont il aimait à renvoyer presque tout l'honneur à cette bonne religieuse. C'est pour nous un doux devoir de rappeler ici ces faits, et de payer par là un faible tribut d'hommage et de reconnaissance à la mémoire vénérée de cette sainte Épouse de Jésus-Christ, volontaire et si charitable servante des pauvres malades.

Nous disons : *A la mémoire*, hélas ! car sœur Sainte-Croix n'est plus de ce monde ; elle est allée recevoir la couronne due à ses mérites et à son dévouement sans bornes pour les membres souffrants de son divin Époux. Cette perte prématurée est particulièrement regrettable pour l'objet poursuivi en cette biographie ; car, d'après ce qui nous a été dit de divers côtés, nulle autre mieux que cette dévouée garde-malade de Bon-Secours n'eût été à même de fournir les renseignements les plus précieux sur les vertus pratiquées par le P. Goulouand, durant les années qu'elle passa auprès de son lit de douleur pour lui prodiguer les mille attentions d'une infatigable et toute maternelle charité. Toutefois, si les détails nous manquent, on n'a pas oublié son admiration maintes fois exprimée au sujet de la patience inaltérable du malade à supporter ses longues souffrances ; elle a déclaré hautement et à plusieurs reprises que cette patience et cette résignation ne s'étaient jamais démenties ; que jamais une parole de murmure ou d'ennui, jamais une plainte quelconque n'était sortie de la bouche du patient, toujours pleinement soumis à la sainte volonté de Dieu.

Il y a plus, et nous savons par ailleurs que, bien loin de se laisser aller tout au moins à la tristesse ou à l'abattement, le bon Père ne perdit rien de sa gaieté et de sa bonne humeur ordinaires, commandées en lui par la vertu, si le lecteur veut bien se rappeler ce qui a été dit plus haut de sa ligne de conduite à l'égard de ses pénitents malades. Un témoin oculaire raconte à ce sujet que, le jour où le pauvre rhumatisant put enfin se lever pour la première fois, et, soutenu par sa fidèle garde-malade, faire quelques pas autour de sa chambre, il entonna le refrain populaire où il est question de l' « *Arrivée du jour de gloire* », puis, levant un de ses bâtons sur lesquels il s'appuyait, il demanda plaisamment à la bonne sœur si elle ne se sentait pas disposée à recevoir quelques bons coups, pour constater sa force et sa vigueur après ces longues années de captivité et de souffrance.

Ce fut alors pour lui un sujet de bien douce consolation, de pouvoir reprendre son grand ministère de directeur des âmes : on le voyait, avec une pieuse et compatissante admiration, se diriger péniblement vers le tribunal sacré, et là, malgré la fatigue qui devait en résulter, consacrer des journées entières à entendre les nombreux pénitents qui se pressaient autour de son confessionnal. Qu'importaient, du reste, ses propres souffrances à l'apôtre dévoré par le zèle pour la gloire de Dieu et le bien de ses frères ? Ne s'estimait-il pas largement dédommagé par la pensée du bien solide et durable qu'il opérait dans les âmes, par la vue des affligés auxquels il apportait, avec les douceurs de l'espérance, le calme et la paix de la résignation chrétienne ?

A cette époque de la vie du Père Goulouand se rattache un des plus tristes et des plus douloureux épisodes de notre histoire nationale : nous voulons parler des trop fameux Décrets contre les Congrégations religieuses. Nous n'avons ici ni à les apprécier, ni à les juger : contentons-nous de constater qu'en attendant le verdict de l'histoire impartiale, l'élite de la magistrature, du barreau, des jurisconsultes, et de toute la population a prononcé son arrêt par des actes de généreuse abnégation et de sacrifice héroïque qui resteront inscrits en lettres d'or dans nos annales. Inspirés par le dépit et la haine d'un Ministre sectaire, les Décrets furent promulgués le 29 mars 1880 : un délai de quelques jours était accordé aux Congrégations pour se soumettre à leurs prescriptions. On vit alors ce curieux spectacle, triste et fortifiant tout à la fois : d'une part, un gouvernement régulier faisant appel à la force brutale contre des prêtres et des moines paisibles, pour les arracher à leur vie de prières, à leur ministère de sanctification sociale, et les jeter violemment à la rue ; de l'autre, tous les Ordres religieux, réunis dans la plus touchante et la plus complète unanimité, opposant pacifiquement la force du droit et de la liberté à la violence de l'arbitraire et de la tyrannie.

C'est le vendredi, 5 novembre, que les agents du gouvernement se présentèrent au n° 104 de la rue de

Vaugirard. Les religieux Maristes n'avaient pas attendu ce moment pour organiser la défense passive qui seule pouvait convenir à des prêtres, mais qui devait avoir pour effet de bien constater la violence dont ils étaient victimes. Depuis vingt jours déjà, une garde vigilante d'amis fidèles et dévoués, sous la direction de M. de Belfort, se relevait d'heure en heure, à la porte d'entrée, prête à toute éventualité : il y eut là des manifestations de pieux dévouement, de zèle affectueux que les Pères Maristes n'ont pas oubliés, et dont ils garderont un souvenir reconnaissant et impérissable.

Donc, le 5 novembre, au premier matin, comme s'ils eussent craint la lumière du jour, ou peut-être dans l'espoir secret de surprendre les défenseurs de la place, voici que débouchent dans la rue deux commissaires de police, ceints de l'écharpe officielle, à la tête de tout un bataillon d'agents de la paix (plus de deux cents), auxquels on avait adjoint pour la circonstance un détachement de pompiers sous les ordres d'un lieutenant : c'est un assaut en règle qui va être livré contre cinq ou six pauvres religieux. Mais les casques des pompiers ont trahi la marche de la colonne : soudain, un cri se fait entendre : « Les pompiers, les pompiers ; les voilà ! » Aussitôt, M. de Belfort pousse vivement la porte, met les verroux et ferme à double tour. Il était temps : à peine a-t-il terminé, que les premiers coups font tressaillir les pieux fidèles qui, déjà, à cette heure matinale, assistaient au Saint Sacrifice de la Messe.

Tandis que les pompiers déchargent des pinces, des haches et un énorme madrier amené sur une voiture, les commissaires de police, MM. E. Taylor et G. Dupouy, font les premières sommations, auxquelles il est répondu par un refus formel d'ouvrir. Le lieutenant de pompiers donne alors à ses hommes l'ordre de l'attaque : aussitôt pics et haches s'abattent à l'envi sur la porte de chêne qui résiste à leurs coups redoublés ; en désespoir de cause, six ou huit hommes saisissent le lourd madrier apporté comme pièce de réserve, le manœuvrent comme un bélier, et le dirigent contre le premier vantail de droite, qui cède enfin, après un assaut de vingt minutes.

La brèche s'ouvre bientôt devant les assaillants : par cette voie se hissent successivement et sautent dans le vestibule, d'abord deux pompiers, puis les deux commissaires, le lieutenant, bientôt suivis d'une cinquantaine d'agents. Ils sont reçus par le R. P. Gros, Supérieur de la maison, qui, assisté de ses témoins, proteste avec énergie contre la violation de son domicile. Bientôt couloirs, bibliothèque, chapelle, sont occupés par les envahisseurs qui se mettent en devoir de procéder à l'expulsion des religieux enfermés dans leurs cellules. Les portes, attaquées l'une après l'autre, cèdent sous l'effort de la pince et de la hache ; déjà le R. P. Depoix, provincial, le P. Cozon, le P. Dominget, vénérable vieillard octogénaire, infirme et presque aveugle, ont dû céder à la violence des envahisseurs. Les voici devant la cellule n° 5, occupée par le P. Goulouand, qui peut se soutenir à peine à l'aide de son bâton. Assisté par son témoin, M. de Givry, le Père se tenait debout devant la cheminée de la cellule, écoutant en silence et dans l'amertume de son cœur, le bruit des pas et des voix, le bris des portes, quand un coup sec se fait entendre à la porte, suivi de la formule officielle : « Ouvrez, au nom de la loi. » Le Père s'approche pour répondre, mais il n'en a pas le temps : un coup violent fait voler la serrure à ses pieds. Ici, nous laissons la parole au Père, d'après le chroniqueur contemporain et témoin lui-même, dont le récit nous a guidé jusqu'à ce moment :

« Commissaires et agents envahissent ma chambre, raconte le Père, pendant que je proteste contre cette violation de mon domicile. L'un des commissaires s'adressant à mon témoin, d'une voix sèche et presque irritée, lui demande qui il est. M. de Givry refuse de lui donner son nom. Alors le commissaire lui intime l'ordre de sortir : — Je suis ici chez mon ami et sur son invitation formelle : je ne sortirai que sur son ordre ou par la force. Le commissaire se tournant vers moi, me demande mon nom et si je suis religieux mariste. Je ne crois pas devoir refuser de répondre à ses deux questions ; mais quand il me dit qu'il vient m'expulser au nom des décrets du 29 mars, je lui réponds que je ne reconnais aucune valeur à ces décrets et que je n'obéirai qu'à la force. Le commissaire commande alors à ses agents de me prendre par le bras : mais faites-le bien doucement, ajoute-t-il. M. de Givry m'offre alors son bras, et nous sortons accompagnés d'un ou deux agents. En traversant le corridor rempli de sergents de ville qui se tiennent la tête basse et sans nous regarder, nous voyons la chambre du P. Cozon ouverte et sa porte brisée ; puis la porte du bon P. Dominget renversée dans sa chambre. Au bas des escaliers, nous rencontrons un ecclésiastique, qui me demande en grâce de vouloir bien entendre sa confession. Je lui réponds que je ne m'appartiens plus et qu'il veuille bien s'adresser à quelque autre Père du troisième étage, qui aura encore le temps de le recevoir avant d'être expulsé. Comme il insiste vivement et à plusieurs reprises, je demande aux agents s'ils veulent m'accorder cinq minutes pour accomplir ce ministère. Ils me répondent qu'ils ont l'ordre de me reconduire à la porte de la maison. M'excusant alors auprès de M. de Givry, et sans la permission des agents, j'entre dans le salon qui se trouvait en face de l'escalier avec l'ecclésiastique qui me remercie avec effusion. Ce ministère accompli, je viens rejoindre mon témoin et me remettre aux mains des agents qui, du reste, ne font aucune observation. Nous traversons la cour intérieure en silence et arrivons à la porte cochère. Le Révérend Père Supérieur se tenait debout devant cette porte brisée. Il avait la figure toute bouleversée et paraissait pleurer. Aussitôt qu'il m'aperçoit : — Allons, mon bon Père Goulouand, du courage ! ... — Je lui demande sa bénédiction, puis nous nous embrassons en pleurant. Franchissant alors le seuil de cette porte qui sera désormais fermée pour moi, je me trouvai dans la rue. Les becs de gaz jettent leur lueur blafarde sur les agents de police qui sont debout au milieu de la voie, comme des poteaux de fils télégraphiques, de dix mètres en dix mètres à peu près, pour interdire toute circulation et empêcher les habitants de sortir des maisons. Nous entendons, venant de quelques fenêtres, quelques cris étouffés de : Vivent les Maristes ! Une dame, bravant la consigne, nous jette des fleurs et se prosterne à genoux au milieu de la rue, me priant de la bénir. C'était à l'encoignure de la rue des Missions. Descendant cette rue, nous arrivons bientôt à la maison hospitalière que la charité chrétienne met à notre disposition et où le P. Mayet vient nous rejoindre environ deux heures après, à mon retour de la rue du Regard, où j'avais été dire la messe chez les excellentes Sœurs de Bon Secours, si dévouées à notre Société. Que Dieu les récompense, ainsi que les excellentes familles qui ont si généreusement offert l'hospitalité aux pauvres expulsés ! »

Ce court récit en dit plus, dans sa touchante simplicité, que tout ce que nous pourrions ajouter. La Providence divine, en amenant ainsi au directeur infatigable un de ses dirigés habituels à l'instant même où la violence accomplissait son œuvre, ne semble-t-elle pas avoir voulu toucher ses persécuteurs et leur montrer par les faits tout ce que renferme de bienfaisante activité le ministère sacré des âmes ? Mais, semblables à ces divinités de bois ou d'argile dont parlent nos Saintes Écritures, ils ont des yeux pour ne point voir, des oreilles pour ne pas entendre ; ces esprits et ces cœurs constamment inclinés vers la matière ne sauraient percevoir les choses de Dieu.

Quoi qu'il en soit, toutes ces misérables tracasseries n'étaient nullement de nature à ralentir le zèle de l'homme de Dieu. Son confessionnal est enfermé sous le séquestre officiel ; il saura trouver un autre champ propice pour continuer à semer la bonne parole qui doit germer en moissons abondantes pour l'éternité. Non loin de la résidence qui lui est fermée, s'ouvre, dans la même rue de Vaugirard, l'ancien couvent des Carmes dont les bâtiments sont occupés aujourd'hui par les Facultés de l'Institut catholique ; par dessus les vieux murs couverts de lierre s'élève le dôme de la chapelle devenue, en 1792, dans toute la vérité du mot, le vestibule du ciel pour tant de victimes de la Terreur révolutionnaire : c'est là, dans cette enceinte encore tout imprégnée du sang des martyrs, que le P. Goulouand donna rendez-vous à sa nombreuse famille spirituelle, durant les jours de l'exil. Chaque jour le retrouvait fidèle à son poste de miséricorde, où il se rendait péniblement appuyé sur son bâton ; et si parfois les atteintes du mal, devenues plus vives, ne lui permettaient pas de marcher, on pouvait voir alors une voiture de place déposer devant les marches de l'église ce nouveau martyr de la confession.

Quelques années s'écoulèrent ainsi, dans l'exercice de la plus héroïque charité : au prix de quelles souffrances, Dieu le sait. Toutes les ressources de la science, hydrothérapie, stations thermales, bains sulfureux, étaient appelées successivement à combattre le mal opiniâtre qui, comme le feu caché sous la cendre, continuait son action destructive, minant sourdement tout l'organisme. Malgré tout, et en dépit de tous les efforts il eut sa terminaison suprême dans l'albuminurie. C'était en 1887. Les médecins consultés trouvèrent la situation extrêmement grave et même alarmante : ils prescrivirent le régime lacté, joint à un repos absolu.

En vue de se conformer le mieux possible à ces prescriptions, peut-être aussi pour ôter au cher malade toute occasion de ministère, tout en lui procurant les bienfaits d'un ciel plus doux, les Supérieurs jugèrent à propos de l'envoyer à Montbel, maison de retraite située en pleine Provence, presque sur les bords de la Méditerranée, à quelques kilomètres d'Hyères. Adossée à une demi-ceinture de collines verdoyantes, plantées de pins, d'oliviers et d'arbres verts, et tapissées de hautes bruyères toujours fleuries, cette résidence, sise au milieu d'une campagne solitaire, est également protégée contre les vents du Nord, et contre les vains bruits et tumultes du monde. C'est une solitude charmante et bien faite pour des malades qui ont besoin de repos, de calme et de silence. C'est là que la Société de Marie offre à ses enfants fatigués par la souffrance, des soins empressés, un air pur imprégné de mille senteurs aromatiques, la tranquillité de l'âme unie au délassement du corps, et les douces et salutaires influences du soleil du Midi.

C'est de Montbel que le P. Goulouand écrivait, le 23 mai 1887, moins de trois ans avant sa mort :

« Vous me faites un devoir de bien me soigner. Si je remplissais toutes mes autres obligations aussi bien que celle-là,

je serais un grand saint. Mais. hélas ! comme le commun des
mortels, je suis bien plus vigilant à prendre soin de mon
corps que de mon âme. Je voudrais pourtant bien me conver-
tir. Quoi qu'il en soit. je fais tout ce que je puis pour profiter du beau ciel. du beau soleil, du beau climat de la Provence. Le médecin m'a recommandé de prendre le grand air :
je le respire à pleins poumons. du matin jusqu'au soir. A
sept heures et demie du matin, un livre dans une poche. une
petite fiole de lait dans l'autre. à l'aide de mes béquilles je
m'achemine vers une grande allée de cyprès et d'autres arbres
toujours verts. située au milieu de nos bois. Il fait si bon
prier et méditer dans la solitude des bois ! Et là. me prome-
nant et m'asseyant tour à tour. je lis. je prie. je songe aux
chers absents et je dis souvent : Mon Dieu ! soyez la joie de
tous ceux que j'aime et leur éternelle récompense ! »

Notre-Dame de Montbel. 23 mai 1887.

En lisant ces lignes si calmes, si douces, si serei-
nes, si harmonieusement en rapport avec le *cadre
physique* dans lequel elles ont été écrites, n'a-t-on pas
comme la vision d'un beau jour près de finir, mais
qui s'éteint sans trouble et sans bruit dans les dernières et mélancoliques lueurs d'un crépuscule qui
annonce et précède paisiblement le salutaire repos de
la nuit ?... En écoutant les pieux accents et presque
les derniers sons terrestres de cette âme si intimement
et si suavement unie à Dieu qu'elle consacre sans
effort toutes ses heures à la prière ou à la méditation,
est-il difficile de pressentir ce que devra renfermer de
douceur, de mérite et de paix la mort d'un juste si
surnaturellement, si saintement préparé ?... Les plus
belles conjectures, à cet égard, ne se trouvent-elles
pas ainsi autorisées par la logique et la vraisem-
blance ? et ne peuvent-elles pas, jusqu'à un certain
point, suppléer au mystère qui plane sur les derniers

instants, Dieu ayant voulu que cette fin fût obscure, inconnue, comme avait été toute la vie elle-même.

Le dernier séjour en Provence eut lieu en 1889, et il précéda de cinq ou six mois seulement la mort qui arriva au mois d'avril de l'année suivante. Les quelques lettres que nous avons eues entre les mains, écrites en cette année 89 et datées successivement de Montbel, de Lyon et de la Neylière, sont très instructives, en ce sens que par leur forme comme par leur contenu elles laissent bien deviner et entrevoir l'approche du dénouement fatal. A vrai dire, ce sont moins des lettres que des billets péniblement écrits et ordinairement très courts qui dénotent, dans la main qui les a tracés, une fatigue et une faiblesse de plus en plus grandes, et qui s'accroissent de jour en jour avec une terrifiante rapidité.

On y voit que le pauvre malade fait des efforts pour réagir, pour rassurer ses correspondants, même en essayant de plaisanter agréablement, à son ordinaire ; mais l'écriture irrégulière et tourmentée, si différente de ces caractères arrondis, fermes et bien bouclés auxquels sont habitués les lecteurs des manuscrits du P. Goulouand, non moins que les aveux qui lui échappent, en quelque sorte malgré lui, tout empêche de prendre le change et de se méprendre sur la douloureuse réalité.

La première de ces lettres est datée du 27 mai. Le bon Père avoue que sa santé ne s'améliore guère et qu'il se sent bien plus faible que deux ans auparavant (à l'époque de son premier séjour à Montbel). Cela ne lui fait pas oublier cependant les conseils spirituels ; il veut remplir jusqu'au bout son office de directeur et il félicite sa pénitente de la résolution par elle prise de viser au plus parfait.

La seconde, écrite de Lyon, à la date du 24 juin, au milieu de son voyage de retour à Paris, est encore plus brève et marque une grande fatigue occasionnée par la première partie de son trajet. Le Père s'y plaint de grands maux de tête, produits, ajoute-t-il, par la plus petite cause, comme par l'écriture de quelques lignes seulement. Il se trouve donc réduit à une sorte d'impuissance totale, et il annonce que dans le but de se remettre un peu, avant d'affronter la seconde partie du voyage, il va, sur l'avis des Supérieurs, passer quelques jours à la Neylière, maison de retraite située à quelques lieues de Lyon, froide en hiver, à cause de son altitude dans les monts du Lyonnais, mais délicieuse en été, par la pureté de l'air, la verdure, l'abondance et la fraîcheur des eaux. Trois lettres, trois petits billets plutôt, de plus en plus courts et pénibles, datés du 1er, du 18 et du 22 juillet, en partie écrits au crayon, montrent que cette halte se prolongea bien au-delà des prévisions, par suite de la persistance et de l'aggravation du mal. Ils ne contiennent d'ailleurs que l'expression de deux ou trois idées : le malade se déclare très faible, explique par là le retard de son retour à Paris, les délais successifs apportés à son départ, et il termine en disant que, malgré tout, il espère toujours.

Le départ tant différé eut lieu enfin, probablement dans le courant du mois d'août, et le cher malade rentra, pour n'en plus sortir, dans ce Paris où il avait tant souffert et tant travaillé pour la gloire de Dieu durant les vingt dernières années, à tous égards les plus laborieuses de sa laborieuse carrière. Ne convenait-il pas que le signal du repos et du triomphe éternels fût donné précisément dans le lieu même qui avait été témoin de la plus grande somme de peines, de fatigues et de souffrances endurées par le bon et fidèle serviteur ?

LES DERNIERS JOURS.

Rentré dans sa chère résidence de la rue Vaugirard, l'infatigable serviteur de Dieu, domptant toutes les défaillances de la nature, voulut, malgré son état d'épuisement presque complet, continuer quelque temps encore l'exercice de son saint ministère, car on nous a affirmé qu'il cessa de confesser seulement à la fin du mois de septembre, lorsqu'il fut absolument à bout de forces et contraint de ne plus sortir de sa chambre. C'est à cette date que vient se placer un fait plein d'édification pour tous ceux qui purent en avoir connaissance. Au moment d'entrer dans cette définitive retraite qui devait le préparer immédiatement à paraître devant Dieu, le fervent directeur, qui avait purifié et sanctifié tant de consciences, voulut, pour ainsi dire, mettre la dernière main et donner le dernier coup à la parfaite purification de la sienne propre. Faisant un retour sur lui-même et repassant attentivement sa longue carrière, il fit, avec non moins d'exactitude que de ferveur et de repentir, une confession générale de toute sa vie.

Depuis ce moment jusqu'à sa mort, il continua, comme il l'avait toujours fait auparavant, à se confesser exactement tous les huit jours, avec beaucoup d'humilité et d'édification. Avec le souvenir encore une fois rappelé de ses souffrances toujours plus vives et de sa parfaite résignation à les endurer patiemment, voilà à peu près tout ce qu'il est possible de dire sur la manière dont s'écoulèrent ces six derniers mois de réclusion absolue qui précédèrent la mort, de sorte que tout peut se ramener à ces deux termes : douleurs très grandes, parfois atroces d'une part ; patience inaltérable, exempte de plainte de l'autre. C'est la statue qui se laisse frapper et ciseler par le divin Sculpteur désireux d'en faire un vrai chef-d'œuvre pour son palais éternel. C'est plutôt la victime consciente, mais douce et pacifique, qui se laisse préparer, mener à l'autel et finalement égorger sans ouvrir la bouche pour le moindre gémissement.

Le pieux lecteur, nous le comprenons sans peine, voudrait ici des détails, des faits circonstanciés. Il n'y en a pas, aucun souvenir précis n'en a été conservé. On désirerait, on accueillerait avidement les actes de vertu, les traits plus saillants, plus caractéristiques qui ont dû, semble-t-il, marquer les dernières semaines, les derniers jours surtout. On voudrait particulièrement apprendre les paroles suprêmes, celles des derniers moments, et les incidents divers qui signalent d'ordinaire et remplissent de consolation et d'espérance l'heureuse fin des justes. — Mais ici encore, quelque légitime que soit cette pieuse curiosité, elle ne saurait être satisfaite autrement que par d'édifiantes conjectures. Il semble que Dieu ait voulu donner au trépas de son serviteur, le même caractère qu'à sa vie en l'enveloppant comme elle d'ombre, de mystère, d'obscurité pour rendre complète en sa personne la leçon infligée à l'orgueil, à ce violent désir de paraître et de briller qui possède tant d'hommes aujourd'hui.

Voici donc tout ce qui nous reste à dire sur les derniers instants de celui dont la mort fut si conforme à une vie toute de modestie et d'humilité.

Le P. Goulouand, même dans ses moments de plus grande crise, n'avait jamais voulu consentir (sauf ordre contraire de son Supérieur) à avoir quelqu'un dans sa chambre pour y passer la nuit. Avait-il peur de déranger les autres, ou bien préférait-il se servir lui-même comme un vrai pauvre de Jésus-Christ ?... C'est, du moins, ce qu'il alléguait toutes les fois qu'on lui renouvelait la proposition de le veiller.

Le 15 avril au soir, celui des frères qui le soignait habituellement remarquant qu'il était plus faible que de coutume, lui renouvela encore et avec insistance l'offre de le veiller cette nuit-là ; mais le malade ne le voulut pas et on dut le laisser dans un état de très grande faiblesse. On se tint, toutefois, à une petite distance, pour accourir au moindre bruit, à la moindre alarme. Le confesseur était particulièrement sur le qui-vive : dans la journée, il est vrai, il avait administré à son cher pénitent le sacrement de réconciliation, mais un frère coadjuteur étant venu lui dire qu'il trouvait le pauvre Père réellement bien affaibli, il revint encore le voir à une heure avancée de la nuit, et le quitta sans croire néanmoins à une fin immédiate, ni même très prochaine. Ce devait être pourtant la dernière visite.

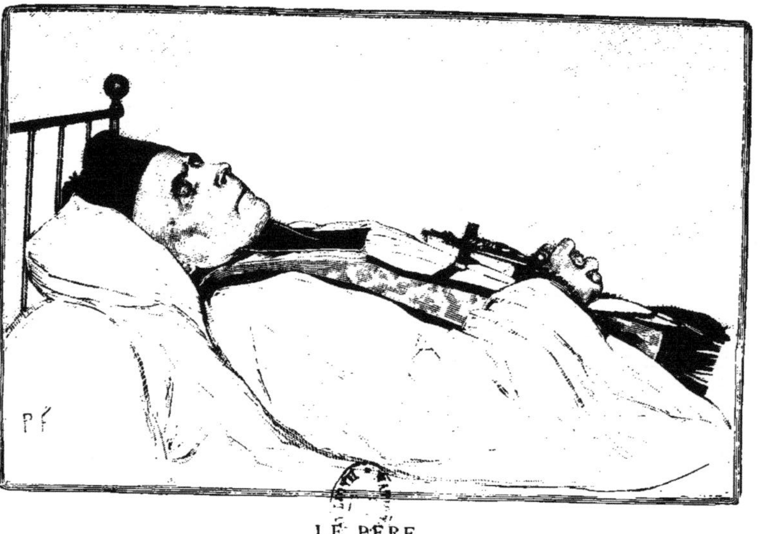

LE PÈRE

JULIEN-MARIE GOULOUAND, PRÊTRE MARISTE

SUR SON LIT DE MORT. PARIS, 1890.

Le lendemain, en effet, au grand matin, le frère pénétrait dans la chambre du malade pour lui donner ses soins habituels : il s'approche, interroge ; mais aucune voix ne répond... Pendant la nuit, l'Ange du Seigneur avait passé, et, à sa suite, cette belle âme avait pris son essor vers un monde meilleur : la physionomie calme et sereine du visage, l'attitude paisible du corps, tout indiquait que chez le Père vénéré, la vie venait de s'éteindre doucement, sans effort et sans souffrance, comme la lampe qui se meurt faute d'huile pour l'alimenter. C'était le 16 avril 1890, jour où la Société de Marie célèbre la fête d'un pauvre éminent, St-Benoît Labre.

Ainsi s'éteignit sans témoins autres que les anges de Dieu, humble et caché jusque dans la mort, celui qui fut si avide de silence et d'obscurité durant toute sa vie. Dans cette fin inopinée, et peut-être inaperçue de celui même qui en était victime, il est peut-être permis de voir encore quelque chose de plus : une disposition de la miséricordieuse bonté de Dieu, car le P. Goulouand, nous dit-on, avait vivement redouté la mort, longtemps d'avance, comme jadis il avait aussi éprouvé de la répulsion pour la maladie avant de contracter avec elle une si longue et si féconde union.

Dès lors, n'est-il pas tout naturel de penser que Dieu fit au P. Goulouand une faveur accordée à nombre d'autres, c'est-à-dire qu'après l'avoir purifié et préparé par cette salutaire terreur durant sa vie, il l'en préserva au moment tant redouté qui fut pour lui comme un doux sommeil dans lequel on tombe paisiblement, sans s'en apercevoir ?......

Ajoutons maintenant quelques lignes sur les obsèques du saint religieux, qui furent, elles aussi, simples et humbles comme sa mort, comme sa vie. Ainsi, pas de catafalque : pas de couronnes non plus : on refusa toutes celles qui devaient être offertes. Le P. Goulouand, lui si animé de l'esprit de l'Eglise et du sens catholique, eût certainement repoussé avec horreur, si la pensée lui en fût venue de son vivant, cette odieuse innovation de notre siècle, ce retour au paganisme introduit par les sectes irréligieuses, pour profaner le caractère de la mort chrétienne, en neutraliser, en détruire presque les austères enseignements et les salutaires terreurs, dans l'esprit des masses superficielles et irréfléchies, habituées à se laisser impressionner surtout par les sens. Ici donc, pas de fleurs déplacées, pas d'intempestifs simulacres de fête, en une circonstance où tout doit rappeler à l'homme pécheur son néant, sa misère, ses fins dernières et la redoutable alternative qui l'attend au sortir de cette vie d'épreuve. L'esprit ne se trouvait détourné de ces graves et saintes pensées par rien de profane et de mondain : l'œil lui-même se reposait avec édification sur ce cercueil simple et nu comme la cellule naguère habitée par le pauvre de J.-Christ, comme la croix, lit de notre divin Maître et Modèle des chrétiens. Tout autour quelques cierges allumés, signe d'espérance, étaient là, selon la tradition de l'Eglise, pour consoler les cœurs affligés, en symbolisant l'immortelle vie de l'âme survivant à la ruine du corps. — Toutefois, à défaut de tout cet apparat fastueux et purement extérieur qui n'est qu'un nouveau témoignage de la vanité humaine, les obsèques de l'humble religieux recevaient un ornement bien autrement précieux et solide, des manifestations touchantes de prières, de piété, de véritable et profonde affection prodiguées par tant d'âmes à la mémoire et près de la dépouille mortelle de celui qui avait été pour elles un vrai père, à un degré admirable et dans le sens le plus élevé du mot.

La funèbre cérémonie était présidée par Mgr de Forges, évêque de Ténarie, prélat de la maison de sa Sainteté, et ancien évêque auxiliaire dans l'archidiocèse de Rennes. Non seulement le vénérable prélat avait demandé pour lui le privilège de donner l'absoute à celui dont il avait été depuis longtemps le pénitent et qu'il appelait son " père en Dieu ", mais, comme un fils plein de tendresse, il voulut marcher en tête du deuil, à la suite du corps et l'accompagner de la résidence à l'église de N.-D.-des-Champs, puis au cimetière. Pouvait-il se produire rien de plus honorable pour le cher défunt, rien de plus consolant pour ses confrères et pour toutes les âmes filialement dévouées au bon Père et conservant précieusement son souvenir, que de voir un prélat si distingué, un prince de l'Eglise, apporter, avec tant d'empressement, de piété et d'humilité, son concours épiscopal à la triste cérémonie.

Plusieurs personnes étaient accourues des diverses localités où le P. Goulouand avait, à une époque ou à une autre, exercé le ministère des âmes, mais spécialement de Chartres, où il avait marqué un sillon si profond et laissé d'ineffaçables traces de son passage. Toutes avaient voulu faire le voyage de Paris pour rendre leurs derniers devoirs à ce bienfaiteur insigne, témoigner de la grandeur de leur attachement à sa personne et des impérissables souvenirs laissés dans leur cœur, par l'habileté de sa direction et le parfum de ses vertus. Nombre de confrères de Chartres, de Senlis et de toutes les maisons voisines étaient aussi venus prendre leur part à ce deuil de famille.

Mais l'assistance était surtout formée et grossie par les pieux fidèles habitués à fréquenter la chapelle de la résidence des Pères, à Paris. Ils s'étaient rendus en foule aux funérailles, non seulement ceux qui avaient usé du ministère de l'humble religieux, mais tous les autres aussi, ceux qui, tant de fois, avaient été édifiés de le voir si assidu à se rendre, péniblement appuyé sur ses béquilles, à la chapelle pour tous les exercices de la communauté et bien plus souvent encore pour satisfaire sa dévotion particulière. Les uns et les autres étaient en nombre assez considérable pour remplir en entier la grande nef de l'église, et toute cette foule était pieusement unie dans une commune et ardente prière pour la prompte entrée dans la gloire éternelle, de ce saint prêtre qui lui-même en avait ouvert les portes ou préparé les voies à tant d'autres âmes, mille fois heureuses de l'avoir rencontré sur leur route, peut-être à jamais perdues sans lui !...

On se plaisait à espérer que la béatitude sans fin était déjà ou ne tarderait pas à être le partage du fidèle « dispensateur des mystères de Dieu » qui méritait si bien d'entendre les ineffables paroles : « Courage, bon et fidèle serviteur... entrez dans la joie de votre Seigneur ! »

Toutefois, à des pensées si consolantes en faveur de celui qu'on avait perdu, venaient se joindre pour plusieurs de douloureuses considérations personnelles, lorsqu'un triste retour sur eux-mêmes ravivait dans leur esprit le sentiment de leur état actuel d'abandon et de délaissement. Ils allaient être désormais comme de véritables orphelins, privés des secours et des lumières de leur Père bien-aimé, obligés de s'orienter seuls dans les voies du salut, et ce double sentiment d'isolement personnel et de vive et filiale affection cruellement brisée, plongeait les cœurs dans l'amertume et faisait couler bien des larmes. Elles redoublèrent, ces larmes, au moment où la chère dépouille fut déposée dans le caveau funèbre, et leur abondance comme leur spontanéité, plus éloquentes que toutes les démonstrations et toutes les paroles, disaient assez combien étaient sincères ces suprèmes témoignages d'une douleur et d'une sympathie que le temps n'a pas encore affaiblies. »

***

LE SOUVENIR.

La présente biographie devrait, ce semble, prendre immédiatement fin, ici même.

Mais tandis que « la mémoire de l'impie périt avec le bruit » de sa chute : *periit memoria eorum cum sonitu,* le juste, au contraire, jouit souvent, même ici-bas, d'une sorte de survivance glorieuse, gage et symbole de la gloire éternelle qui l'attend, et qui lui donne le privilège de parler, en quelque sorte, et de donner d'utiles enseignements, même après sa mort temporelle, ou plutôt son doux sommeil dans le Seigneur : *defunctus adhuc loquitur.*

Pour quelques-uns, cette survivance va jusqu'à rendre leur sépulcre tout éclatant de la gloire des miracles, et c'est alors un signe assuré de leur règne triomphant dans les cieux. Pour d'autres, sans atteindre cette hauteur et cette force de démonstration, elle se manifeste par quelques faits plus ou moins extraordinaires, plus ou moins frappants, mais de nature cependant à procurer l'édification, à nourrir la piété, à faire naître ou grandir la consolation et l'espérance dans les âmes, dans celles du moins qui jouissent de l'heureuse simplicité, trop rare, hélas ! d'une foi vive et pleine de confiance.

C'est par deux ou trois faits de ce genre que nous dirons un mot, en terminant, de ce qu'on pourrait peut-être appeler la *vie posthume du P. Goulouand.* Les voici, sans appréciations et sans commentaires, tels qu'ils ont été transmis à l'auteur, par écrit ou de vive voix :

1° La personne à laquelle sont dus certains renseignements cités plus haut sur les vertus, et en particulier l'abnégation du P. Goulouand, termine ainsi sa relation, en parlant de son père spirituel :

.... « C'est lui qui m'a mis dans le chemin de la piété et m'a soutenue dans les plus pénibles épreuves. Après sa mort, je croyais tout perdu pour moi ; mais *après m'être recommandée à lui, j'ai trouvé l'heureux dénouement que j'attendais.* »

2° Un autre correspondant écrit, de son côté :

— « Quand le R. P. Goulouand fut mort, je me sentis porté d'une manière extraordinaire à prier pour son âme, car il me semblait le voir souffrir dans la prison d'expiation où Dieu purifie les plus aimés de son cœur, avant de les introduire dans les joies du ciel. — Je le vis en rêve, comme dans le fond d'une espèce de cave où ne pénétrait aucun rayon de soleil. Là, il était étendu, pâle et amaigri, semblable à un homme qui souffre des douleurs indicibles. Et il me disait : « Priez, mon enfant, priez, priez pour moi, faites pénitence et sacrifiez-vous. »

« Je ne puis dire l'impression d'atroce chagrin que me causait cette vue. Je redoublai alors mes prières, mais je voyais le cher défunt dans la même lamentable position. Je ne restais pas dix minutes au lit la nuit, sans me lever pour prier devant mon crucifix en faveur de l'âme de mon excellent Père. — J'avais une ancienne dette, assez douteuse, il est vrai, et que je n'étais probablement pas tenu d'acquitter. Néanmoins, pour plus de sûreté, pour mettre ma conscience pleinement en repos, je me libérai envers mon créancier hypothétique. Puis je fis trois parts du reste de mon argent, pour l'employer à diverses bonnes œuvres. Dès lors j'obtins des grâces extraordinaires et j'acquis comme la certitude que le P. Goulouand était entré au ciel. Je lui demandai pour preuve sensible de cette heureuse réalité, qu'il obtînt de me faire éprouver quelque chose de son bonheur. La réponse ne se fit pas longtemps attendre. Le jour même, je ressentis, aussitôt après la communion, une joie et un bonheur inexprimables, tels que je n'en avais jamais goûtés auparavant. Ce ne fut que l'affaire de quelques instants rapides, pendant lesquels j'entendis une voix me dire distinctement : « Si vous arrivez au détachement des créatures, voyez les joies que vous éprouverez ! »

« Depuis ce jour, je n'ai plus aucune peine, aucune crainte sur le sort du P. Goulouand, ni aucun doute sur son entrée dans la gloire. »

3° Le dernier trait qu'on va lire, a été raconté à l'auteur par la personne même qui en a été, en quelque sorte, l'héroïne ou plutôt la bénéficiaire :

« Un ecclésiastique, très recommandable d'ailleurs, se trouvait, à un moment donné, dans une situation embarrassante, presque critique, n'ayant point de position, car il ne trouvait alors aucune place vacante en rapport avec ses aptitudes ou ses talents. Or, pendant qu'il était dans cet état d'attente pénible, il fut mis, ou entra, je ne sais comment, en relation avec le P. Goulouand auquel il fit part de son anxiété en lui demandant s'il ne pourrait pas, de quelque façon, lui venir en aide. Le bon Père, qui était la charité et l'obligeance même, pensa aussitôt à s'entremettre pour le tirer de peine, et il ne fut pas longtemps à chercher sans penser à moi, sachant que j'avais, à cette époque, quelques petites économies disponibles. Il me pria donc de prêter à cet ecclésiastique l'argent dont je pourrais bien me passer pour quelque temps, promettant bien, au nom de l'obligé, que celui-ci serait exact et aussi prompt que possible à me rembourser. J'acquiesçais à la demande, et je prêtais une somme, pas trop considérable en elle-même, si l'on veut, mais assez forte pour mon modeste état de fortune : quelques douze cents francs. C'était plusieurs années avant la mort du P. Goulouand, sept ans environ. — Au bout de deux ou trois ans, mon argent ne m'était pas encore revenu, et il se trouvait précisément que j'en avais besoin pour une affaire urgente. — Je le demandai. On me pria d'attendre encore un peu, avec de belles promesses pour un terme prochain. Mais ce fut tout. De nouvelles années s'écoulèrent, et mes fonds ne rentraient toujours pas. — Je fis de nouvelles demandes, et fréquentes, et toujours plus pressantes. Peine inutile ! toujours des réponses dilatoires. Le pauvre ecclésiastique, dont la parfaite honorabilité ne pouvait cependant être suspectée, était réellement toujours dans le plus grand embarras et ne savait comment s'y prendre pour me rembourser. Dire combien j'étais peinée, ennuyée !... Le bon P. Goulouand l'était plus encore : il avait inutilement joint ses instances aux miennes, et maintenant il regrettait amèrement de m'avoir engagée dans cette affaire où la bonté de son cœur n'avait d'abord vu qu'un acte de charité.

« C'est dans ces conjonctures que le saint religieux, mon Père spirituel, alla recevoir au ciel la couronne due à ses mérites et à ses vertus. C'est environ sept ou huit mois après cet événement, pour moi plein de larmes, qu'eut lieu, d'une manière aussi heureuse qu'inattendue, le dénouement de cette histoire. — Un jour je venais de renouveler encore une fois ma demande, et le débiteur avait répondu, comme toujours, que malgré toute sa bonne volonté, il lui était absolument impossible de me satisfaire pour le moment, qu'il n'avait pas cette somme, etc. J'étais bien découragée, quoiqu'il me restât, au fond du cœur, une secrète espérance, par suite d'une pensée qui s'était comme fixée dans mon esprit depuis quelque temps. Je comptais sur l'intercession du regretté P. Goulouand, et voici comment je m'en ouvris à la vertueuse et respectable dame avec laquelle je vis, dans une parfaite union, depuis bien longtemps :

« Le jour même de ma dernière déconvenue, cette bonne dame me pria d'aller porter quelques fleurs et d'en soigner quelques autres déjà plantées, sur la tombe de celui qui avait été notre directeur et bien-aimé Père à toutes deux. Je me disposai à partir aussitôt, et, en m'éloignant, je dis à la chère dame : « Je suis bien aise d'y aller aujourd'hui, car j'ai une prière à adresser au P. Goulouand.

— « Une prière ? et laquelle ?...

— « Je lui demanderai de me donner, pour signe de son bonheur et de son crédit auprès de Dieu, s'il est, dès maintenant au ciel, comme je l'espère, la restitution de l'argent qui m'est dû et que je ne puis plus attendre par les moyens ordinaires.

« Je le fis comme je l'avais dit. Je priai avec ferveur à cette intention, par l'entremise du P. Goulouand. Je rentre à la maison. Rien d'extraordinaire jusqu'au soir, rien que la réponse, le refus péremptoire du digne abbé qui retentissait toujours à mes oreilles.

« La nuit vint, puis le souper. Il était fini : c'était environ huit heures et demie ou neuf heures, lorsque, tout à coup, la sonnette retentit vivement.

— « Qui peut bien venir à cette heure, s'écriait Mme *** stupéfaite, lorsque le facteur se présente, une lettre à la main.

— « Une lettre ! fit encore la bonne dame, et chargée qui plus est !... Mais elle n'est pas pour moi, elle est pour vous, ajouta-t-elle, en me la tendant après un rapide regard jeté sur l'adresse... Puis, moitié riante, moitié sérieuse, comme frappée d'une idée subite : — « Serait-ce, par hasard, votre argent ?...

« C'était bien lui, en effet, et bien compté, en bon mandat de douze cents francs, sans que le débiteur expliquât d'aucune façon, comment il avait pu se procurer si rapidement ce qu'il n'avait pas le matin même.

« Le P. Goulouand avait bien fait les choses ! »

. . . . Tels sont, dans toute leur simplicité, les récits lus ou entendus. Encore une fois, nous les donnons tels quels, sans nous permettre de les caractériser, de les juger, ni d'en tirer aucune conclusion, laissant à la sagesse du pieux lecteur, le soin de les apprécier à leur valeur et pour le mieux de ses intérêts spirituels, heureux seulement et bien récompensé de notre labeur, si ces traits, comme tous les autres çà et là disséminés, un peu partout, en cette modeste biographie d'un humble religieux, peuvent apporter à tous ceux qui en auront bien voulu prendre connaissance, l'édification que nous désirons vivement pour eux, la sollicitant avec ferveur, profonde et fructueuse, par l'intercession de la Bienheureuse Vierge Marie, notre commune et tendre Mère, spécialement en ce jour commémoratif de son glorieux triomphe dans le Ciel.

En la fête de l'Assomption de Notre-Dame
15 Août 1894.

FIN.

TABLE

Grande Imprimerie du Centre. — Herbin à Montluçon.